# Profecias brasileiras católicas, espíritas e indígenas históricas:

## doenças, guerra, sol escuro, três dias de trevas e a grande inundação

Fabio Ribeiro de Araujo

Alchemia © 2021

Araujo, Fabio Ribeiro de.

Profecias brasileiras católicas, espíritas e indígenas históricas: doenças, guerra, sol escuro, três dias de trevas e a grande inundação. / Fabio Ribeiro de Araujo. Las Vegas: Alchemia, 2021 - 134 pp.

ISBN: 978-1609425760

1.História.    2.Profecias    3. Mitologia.

CDD 981

1ª edição
admin@iappublishing.com

# Índice

# Introdução

Pergunta do peregrino espartano Chilon: "O que é melhor para a
humanidade?"

Resposta do Oráculo de Delfos: "Conhecer-se."

Local: Ilha de Delfos, Grécia - Época: cerca de 590 a. C.

Este livro é um de meus projetos de vida. Há pouco mais de trinta anos comecei a pesquisar o tema profecias e, há cerca de quinze anos, após conhecer a obra *Religião no Povo*[1] de Câmara Cascudo em uma biblioteca no sul do Brasil, comecei a reunir profecias brasileiras, sem conseguir reunir mais do que poucas migalhas e, por nunca conseguir encontrar material suficiente, a publicação era sempre adiada. Com o passar dos anos, o conjunto coletado de profecias brasileiras históricas reunidas cresceu um pouco. Eu as chamo de históricas porque foram supostamente feitas até os anos 1970, ou seja, possuem pelo menos cerca de cinquenta anos.

Não sei até que ponto este trabalho preenche alguma lacuna, mas alguns dos mitos e profecias contidos aqui nunca foram impressos em livros no Brasil anteriormente. Grande parte dos livros de profecias publicados no Brasil são traduções de livros publicados no exterior, principalmente dos Estados Unidos, abordando os principais profetas europeus e americanos, como Nostradamus, Edgar Cayce, Mother Shipton etc. Provavelmente, como eu, você não conhece nenhum livro cujo tema central seja profecias incluindo profecias de Padre Cícero, porque são inexistentes os livros publicados no Brasil na forma de coletâneas com profecias brasileiras (como já eram comuns na França no

---

[1] Cascudo, Luís Câmara. *Religião no Povo*. São Paulo: Global, 2011 (a primeira edição é de 1974)

5

século XIX), exceto no caso de algumas obras espíritas. A razão é que as profecias brasileiras são poucas. Júlio Maria em *O Fim do Mundo está Próximo*, obra mais antiga sobre profecias publicada no Brasil que eu conheça, em 1936, escreveu: "nenhum propheta brasileiro se levantou ainda para predizer os cataclysmas da sua terra, porém basta um olhar attento, para poder prophetizar, sem ser propheta, o que nos espera no futuro" e Câmara Cascudo aludia a uma das razões para essa ausência de profecias brasileiras, em *Religião no Povo*, publicado em 1974: "No Brasil, quase nada possuímos do nosso acervo autêntico profético, divulgado sem os recursos tipográficos, em cópias inumeráveis nos momentos de intensidade curiosa. Restará algum caderno salvador, espólio de avós no arquivo indiferente dos netos contemporâneos?" Apesar do objetivo inicial de reunir profecias brasileiras, acabei inserindo também um pouco de material estrangeiro nos apêndices com o objetivo de compará-lo com profecias brasileiras e aumentar o conteúdo do livro, ainda pequeno se exclusivamente brasileiro.

Outra consideração a ser feita é que apesar de algumas das profecias aqui serem autênticas, outras claramente não são, ou possuem autenticidade duvidosa, podendo ter sido simplesmente atribuídas anos depois.

Preferi organizar as profecias apresentadas aqui com base na crença ou origem: há a seção com profecias de origem católica, entre as quais se destacam as profecias do "sol escuro", em concordância com as profecias europeias sobre os três dias de trevas, há a seção com profecias espíritas, que adotam um estilo mais objetivo, abordando diversos assuntos, inclusive uma próxima guerra mundial e uma catástrofe natural de grande porte, há a seção com profecias indígenas, que também inclui profecias sobre catástrofes naturais, ou seja profecias cosmogônicas, que chamo aqui também de geoprofecias, que são semelhantes a alguns mitos indígenas de diversas origens, já que muitas tribos acreditavam em mitos com catástrofes naturais, a chamada geomitologia (termo cunhado pela acadêmica e professora Dorothy Vitaliano em seus estudos sobre lendas e mitos), mitos esses extremamente semelhantes a algumas profecias, em alguns casos. Há ainda uma pequena seção com profecias de diversas origens que talvez amplie um dia. Incluí também alguns apêndices, para comparação com profecias brasileiras. Deixei de fora profecias evangélicas sobre os três dias de escuridão, porque são recentes, não fazem parte do mundo que posso considerar história. As minhas fontes foram livros e revistas impressos ou documentos online escritos por acadêmicos, que se encontram online, além de dois sonhos proféticos, um que documentei em 2009 e o outro não documentado.

Considero as profecias espíritas e algumas católicas que surgiram no Nordeste extremamente interessantes. Em relação às profecias nordestinas sobre o sol escuro ou três dias de escuridão, é possível que tenham se originado a partir de outras fontes católicas locais, como sonhos confessados, como parece ser o caso do padre Xota-Diabos, ou de crenças indígenas, que se espalharam pelo Nordeste, como poderia ser o caso da profecia da cama da baleia e os índios cariris. Há ainda alguma possibilidade de parte dessas crenças ter derivado de profecias europeias, como as profecias medievais encontradas no *Signa Judicii* (Sinais do Juízo), algumas versões do best-seller medieval *Legenda Aurea* que continham profecias, as profecias do *Mirabilis Liber*, best-seller europeu na primeira metade do século XVI, os almanaques de Nostradamus e outras fontes. A clássica profecia que se espalhou pelo sertão nordestino "até mil que dois mil não há de chegar" atribuída a vários indivíduos nordestinos, por exemplo, que muitos acadêmicos desconhecem a origem, parece ter origem italiana, ("mille e non più mille") e provavelmente foi trazida ao Brasil em navios por missionários católicos italianos.

Diferentemente da grande maioria dos acadêmicos, que enxerga a profecia como uma ferramenta falsa criada por algum interesse, e tenta explicar a profecia como fruto de "um desejo ou um temor" e que "não nos esclarece sobre o futuro"[2], eu acredito que pode haver algo a mais, divino ou não, que se encontra em algumas profecias e na realidade descritiva parcial dos mitos geológicos e cosmogônicos. Não coletei profecias para ridicularizá-las, afirmando que nunca se cumprirão ou para tentar explicar academicamente por que a humanidade sempre prevê profecias que não se realizam, um fato para os que não pesquisam o tema a fundo, nem para afirmar que se trata de uma forma de controle religioso e/ou social, de manipulação política etc. Há muita verdade nessas afirmações, mas não há 100% de verdade, eu diria que há 99% de verdade. Eu as reuni porque algumas vezes vivenciei fenômenos de

---

[2] Minois, George. *História do Futuro*. Sao Paulo: Unesp, 2015. Interessante obra, com várias informações úteis.

premonição na forma de sonhos e de uma visão e acredito que o futuro pode ser previsto, com métodos, como método antigo usado por Nostradamus[3], a consulta aos espíritos e naturalmente, através de sonhos etc. Os Institutos de Parapsicologia do mundo conhecem a capacidade do ser humano prever o futuro, assim como eu, mas nem todos os acadêmicos a levam em consideração ao escrever seus trabalhos sobre profecias. Foram esses fenômenos premonitórios que despertaram o meu interesse pelo assunto e me levaram a pesquisá-lo há décadas. Por isso, não duvido da possibilidade de se conhecer o futuro usando a mente, da mesma a forma que precisamos dela para lembrar do passado. Se a interpretação de uma profecia é correta ou não, essa é outra questão, assim como uma memória de um evento passado pode não corresponder à realidade, ao fato ocorrido.

Uma observação pode ser feita em relação às profecias que parecem estar apontando para a década de 2020. Certamente alguém pensará que algo parecido ocorreu na virada do milênio, em 1999 e em 2000, e em 2012, quando profecias reunidas sobre esses anos anunciavam um fim, mas nada aconteceu. De certa forma, é verdade. Mas talvez algo tenha acontecido e nem todos perceberam. Talvez todos esses anos esteja interligados e exista algum elemento comum entre eles. Eu diria que esse elemento em comum poderia ser o Presidente russo Vladimir Putin. A profecia mais conhecida sobre 1999 é de Nostradamus, que fala do aparecimento de líder político. As profecias maias de 2012 falam de uma mudança. Na Rússia essa mudança política de 2012 foi chamada de *Rokirovka*, que corresponde à jogada "roque" no xadrez, para manter Putin no poder. Os anos 2020, até agora, 2021, são anos em que a Rússia ameaça o mundo ocidental com palavras de destruição total cada vez mais, inclusive os Estados Unidos e a Europa.

Um dos sinais presentes no fim do mundo do Antigo

---

[3] Nostradamus faz alusão a elementos usados em um período da Antiguidade no Oráculo de Delfos em suas duas primeiras quadras da Centúria I. Provavelmente, leu algum livro (hoje perdido) que revelava o método (parcialmente desconhecidos hoje) que, na minha opinião, tem relação com consulta a espíritos. Nostradamus teria feito, nesse caso, o papel da Pítia de Apolo, que era o médium em um período do antigo oráculo, já que Delfos teve mais de um método de adivinhação ao longo dos seus mil anos de atividade. Para detalhes sobre os oráculos antigos, veja a abrangente obra *Histoire de la Divination dans l'Antiquité*, de A. Bouché-Leclercq. Paris: Ernest Leroux, 1880. (4 volumes).

Testamento, do Novo Testamento, do Islamismo e do *Signa Judicii* é o escurecimento do sol. Presente em profecias brasileiras e de todo o mundo, esse tipo de "fim" já ocorreu também no passado, conforme atestam os mitos e, por esta razão, em todo o planeta, para muitos povos, o sol escuro significa a mesma ameaça, não importa a "tribo" que o anuncie: muda apenas o ser que causa o desaparecimento do sol, por três ou quatro dias, e as catástrofes que o acompanham: inundação, fogo, asfixia etc. Na Antilhas, o ser por trás da morte temporária do sol é o demônio Majoba. Para os índios Tupis é uma onça celeste. No Camboja, a estrela Rahu. Em Bornéu, uma serpente alada. Na Indonésia, uma serpente com patas. No Egito, é o dragão Apófis e na China é o sapo Tchen-tchu. No Himalaia, é o gigante Tamu-sobato e na Tunísia é uma feiticeira. Na profecia do Edda germânico, o lobo engole o sol. [4]Enfim, foram diversos os deuses e demônios que os homens simples de diversos povos antigos em todo o planeta culparam para justificar uma catástrofe que não compreenderam, mas que testemunharam de forma ocular, que pode e parece ser um acontecimento cíclico, que se repetirá no futuro, de acordo com a crença deles e, talvez, seremos nós as próximas testemunhas oculares.

---

[4] Da mesma forma, o Professor S. T. Thompson em sua obra *Motif Index* enumerou várias razões para o dilúvio, como o dilúvio causado por deuses, por conflito entre deuses, por um espírito, o dilúvio castigador, o dilúvio causado por lágrimas etc.

# Seção 1

## Profecias brasileiras católicas

Nesta seção encontram-se profecias feitas por religiosos brasileiros ou estrangeiros, principalmente missionários italianos e portugueses que viveram no Brasil, com destaque para as profecias do brasileiro Padre Cícero e Frei Vidal. Algumas dessas profecias foram atribuídas e, em alguns casos, é muito difícil ou impossível saber hoje, séculos depois, o que possuem de autênticas, lendárias ou de atribuídas ao religioso após a morte.

- Padre José de Anchieta (séc. XVI)
- Frei Dominicano Antônio Rozado (séc. XVII)
- Padre Antônio Vieira (séc. XVII)
- Frei Antonio (séc. XVII)
- Padre Xota-Diabos (séc. XVIII)
- Rosa Egipcíaca (séc. XVIII)
- Lenda da Espada do Monge Francisco Soledade (séc. XVIII)
- Frei Clemente de Adorno (séc. XIX)
- Frei Vidal de Frascarollo (séc. XIX)
- Monge João Maria d'Agostini (séc. XIX)
- Padre José Antônio Pereira Ibiapina (séc. XIX)
- Frei Serafim de Catania (séc. XIX)
- Frei Venâncio Maria de Ferrara (séc. XIX)
- Dom Bosco (séc. XIX)
- Padre Cícero (séc. XIX-XX)
- Frei Damião (séc. XX)
- Padre Júlio Maria (séc. XX)

# PADRE JOSÉ DE ANCHIETA (1534-1597)

O Padre José de Anchieta foi um padre jesuíta espanhol, parente dos Loyola, canonizado pela Igreja Católica em 1980. Nascido nas ilhas Canárias, da Espanha, foi enviado para estudar em Portugal aos 14 anos, onde viveu por alguns anos, até ser enviado ao Brasil em 1553. Foi autor da primeira gramática na língua tupi, historiador e um dos primeiros autores da literatura brasileira, além de ser um dos fundadores da cidade de São Paulo, capital do estado de São Paulo. É também autor de uma carta escrita em 1565 considerada uma espécie de certidão de nascimento da cidade do Rio de Janeiro. Em obras seiscentistas foi chamado de o maior taumaturgo do Brasil. [5]

Circulava, há séculos atrás, em Portugal e no Brasil, uma imensa quantidade de profecias que ficaram conhecidas como sebastianistas. Várias pessoas, inclusive sacerdotes, espalharam na época que um rei esperado, que ficou conhecido em Portugal como o "encoberto", português, se chamaria D. Sebastião e voltaria ao poder depois de desparecido. Essas profecias se enquadram em um modelo de salvação europeu e de alguns outros povos por parte de um rei ou um deus mítico ou lendário que desaparece ou morre e depois retorna para salvar o seu povo.

Uma das profecias mais antigas que menciona o nome D. Sebastião é atribuída a São Isidoro (falecido em 636), Bispo de Sevilha. A palavra sebastião vem de "sebastos" que é, em grego, o correspondente a "augustus", título dado aos antigos imperadores romanos.

A profecia abaixo, atribuída ao padre José de Anchieta, que pode ser somente fruto de um estudo sobre as profecias antigas e não uma profecia autêntica, foi feita no Espírito Santo[6]. Essa profecia[7] anuncia,

---

[5] Vasconcelos, Simão. *Vida do Venerável Padre Joseph de Anchieta, da Companhia de Jesu, Taumaturgo do Novo Mundo, na Província do Brasil*. Lisboa: Officina de Ioam da Costa, 1672 – obra com premonições e milagres atribuídos a ele

[6] Fundou a atual cidade de Anchieta, no Espírito Santo, em 1569 e viveu seus últimos dias ali.

além de uma guerra entre africanos muçulmanos e cristãos, a conversão dos muçulmanos e do planeta ao catolicismo.

"O rei D. Sebastião passará três vezes pela África e há de ganhá-la e conquistá-la; e grande parte dos muçulmanos há de receber o sagrado batismo pedido com livre vontade, e a cidade d'Alexandria será tomada, onde se tomarão grandes riquezas; a casa de Meca será destruída, da qual não ficará uma pequena parte: conquistará toda a Palestina, Antióquia, Jerusalém e todo o império turco (muçulmano); dos quais se tomará grandes riquezas e conquistará o Império da Alemanha por reinar nele um Imperador herege. Será Portugal a ave Fênix como foi antigamente Roma, que senhoreou o mundo, porque tudo está ordenado pelo Senhor e o Rei D. Sebastião é um santo rei e por isso o guarda Deus, para por ele obrar tudo o que fica dito. E mais, toda a gente do norte e do sul (do planeta) virá à Igreja e dará obediência ao santo Padre".

As profecias sobre um último rei e a conversão dos muçulmanos e/ou judeus ao catolicismo são profecias católicas europeias que pipocaram em vários países europeus, tipicamente, ao longo da Idade Média. De certa forma, também estão alinhadas com crenças judaicas antigas que profetizam um rei Messias que salvará Israel de seus inimigos durante uma guerra, que alguns consideram Jesus Cristo.

O livro *Vida do Padre José de Anchieta*, escrito por Pero Rodrigues e publicado em 1606, registra também em alguns de seus capítulos, principalmente no livro terceiro, premonições sobre acontecimentos locais da época que o padre teria feito. Estas são algumas delas.

"Bem por vir estava o cargo de provincial em que entrou, quando muito antes o disse, como também que São Jorge Soares o havia de ver depois de sua morte, e que havia de ser enterrado junto do Padre Gregório Serrão, o que tudo assim se cumpriu como no livro segundo fica dito."

"Foi o padre um dia confessar fora da cidade uma mulher que estava muito doente, cujo marido chamado Domingos Saraiva, muito choroso, saiu a receber ao padre, que vendo-o tão sentido, lhe disse: 'não vos desconsoleis, bom velho, que vos não há de morrer desta, vossa

---

[7] Esta profecia se encontra em um raríssimo livro impresso em Londres em 1810, em português, cujo título perdi e não me recordo, que consultei há cerca de vinte anos na Biblioteca Nacional brasileira.

companheira'. E isto foi antes de chegar à casa onde a doente estava. O padre o disse e Deus o confirmou, e a doente viveu depois muitos anos."

"A mãe da dita enferma por nome Felipa da Mota, sendo moça em casa de seu pai, estava apalavrada para casar com certo homem honrado; mas desfez-se o casamento, com muito sentimento do pai e mãe. Foi-os consolar o Padre José, e lhes disse e não desconsolassem, porque não era sua, e seu marido havia de vir de Lisboa, e a capa que trouxesse aos ombros havia de ser sua própria, sem dever nada a ninguém mais que a Deus; e que havia de ter tantos filhos que não saberia quais eram as camisas de uns e de outros. O que tudo assim sucedeu."

"Andava no Rio de Janeiro um homem em mau estado e pretendia casar com uma filha de um morador, fingindo ser viúvo; o Padre José fez com a Justiça que o deitasse da terra. Queixava-se o morador que o Padre José, descasava sua filha, a que o padre respondeu: "esse homem é casado, e tem mulher viva, e antes que ele chegue a Angola para onde vai, há de lá chegar sua mulher". E assim foi que vindo a mulher do Reino em busca do marido ao Brasil, o navio em que vinha arribou a Angola, e chegou lá três dias primeiro que este homem, para se cumprir a palavra do servo de Deus."

# FREI DOMINICANO ANTÔNIO ROZADO (1575-1640)

Ao Frei Antônio Rosado (grafado Rozado em algumas obras), português, são atribuídas as seguintes palavras proféticas que ele teria dito em 1629, em Olinda, quando profetizou a invasão holandesa e a destruição de Olinda meses depois, como um castigo para os pecados de seus habitantes:

"De Olinda a Olanda não há mais do que a mudança de um 'i' em 'a', e esta vila de Olinda se transformará em Olanda e será abrasada pelos 'olandeses' em poucos dias, porque, faltando a justiça na Terra, há de acudir a do Céu".[8]

No ano seguinte, Olinda foi invadida pelos holandeses e permaneceu sob o poder dos holandeses durante 24 anos.

Câmara Cascudo em sua obra *Religião no Povo* alude a essa profecia como "a mais antiga profecia de que tenho notícia, com a subsequente realização punidora". Contudo, a profecia mais antiga documentada do Brasil com sua "realização punidora" é mais antiga que o próprio Brasil: é a profecia dos índios caraíbas, feita nos anos 1400, sobre a chegada dos portugueses no Brasil, registrada por André Thevet e publicada em 1575 em *Cosmographie Universelle*, que se encontra na seção de profecias indígenas.

---

[8] Esta profecia encontra-se publicada na obra *Memória da Justiça Brasileira, volume 1, Do Condado Portucalense a D. João de Bragança*, de Carlos Alberto Carrilo, publicada pelo Tribunal de Justiça da Bahia em 2003.

# PADRE ANTÔNIO VIEIRA (1608-1697)

O Padre Antônio Vieira, português, jesuíta e escritor, foi considerado o maior pregador de Portugal. Ele viveu parte de sua vida no Brasil, na Bahia, e passou a maior parte de seus noventa anos escrevendo e pesquisando sobre profecias. Durante cerca de cinquenta anos, ele redigiu a obra inacabada *Clavis Prophetarum* (Chave dos profetas), um estudo interpretativo das profecias contidas nas escrituras bíblicas, além de ter escrito *História do Futuro*, um texto milenarista que aborda o quinto império (o português), publicado postumamente em Portugal em 1718. A obra *História do Futuro* é considerada um dos textos mais importantes do sebastianismo segundo alguns especialistas. Vieira escreveu também *Esperanças de Portugal, quinto império do mundo* e um tratado impresso em 1856, chamado *Discurso que se prova a vinda do Senhor Rei D. Sebastião*. Aparentemente, ele desejava tentar explicar e entender as profecias comuns em sua época, especialmente entre os religiosos, a maioria de videntes portugueses, como o profeta sapateiro Bandarra, principal profeta português, que profetizou na forma de quadras no estilo de Nostradamus, e videntes espanhóis. Ele acreditava que Portugal voltaria a ser importante, como havia sido uma potência no século XVI após a descoberta do caminho para as Índias, e se tornaria o centro da Europa no futuro, onde se estabeleceria o futuro Grande Monarca. Durante esta época futura ocorreria a conversão dos judeus e pagãos ao catolicismo. E então haveria um pastor e um rebanho.

Vieira ficou preso por dois anos pela Inquisição após ter sido condenado por seus manuscritos sebastianistas.

Em *História do Futuro*, Vieira apresenta profecias sebastianistas antigas, como as atribuídas ao dominicano S. Frei Gil que diz que Portugal gemerá por muito tempo, "mas Deus lhe será propício e, inesperadamente, será remido por um não esperado". Ele também cita a profecia sobre um rei futuro de São Isidoro e a obra *Tratado de la verdadeira y falsa profecia*, de onde tira profecias atribuídas a Bandarra. Assim, interpreta profecias antigas para concluir que as profecias sobre a vinda de um rei futuro irão se concretizar em breve e que este rei será português. Ele acreditava ser possível conhecer o futuro pelo estudo das profecias e a sua explicação para isso foi a seguinte:

"Tais são as trevas e a obscuridade do futuro. Contudo, o Apóstolo S. Pedro nos ensinou a entrar nestas trevas sem medo, e a dar passo, e muitos passos nelas, e a ver claramente e com maior certeza tudo o que elas encobrem:

Temos – diz o Príncipe dos Apóstolos – as profecias e palavras certíssimas dos profetas, as quais devemos observar e atender, usando delas como de candeia luzente em lugar escuro e caliginoso, até que amanheça o dia".

Sem querer entrar em detalhes, a profecia do rei salvador que desaparece (ou morre) e volta para salvar o seu povo após o seu reaparecimento ou sua ressurreição está presente em várias culturas em várias partes do planeta e tem milhares de anos. Em Portugal e no Brasil, assumiram a forma do sebastianismo.

## FREI ANTÔNIO DE PÁDUA (século XVII)

Um certo Frei Antônio de Pádua, sacerdote italiano que viveu no convento da Bahia, no século XVII, fez a seguinte profecia. O autor do livro (anônimo) onde encontrei a profecia diz que omitiu as datas associadas aos acontecimentos porque estavam equivocadas. A profecia do Frei Antônio anuncia uma grande guerra que envolveria o Brasil, que poderia ser a terceira guerra mundial, e tempos difíceis, que a Igreja Católica ficará sem Papa por algum tempo, anuncia o Grande Monarca e geoprofecias[9] sobre o período de escuridão e grandes terremotos. Finalmente, há a conversão anunciada em profecias católicas. As palavras traduzidas do espanhol[10] são:

"Grande guerra na Itália e no Brasil. A fome perseguirá o mundo. Poucos reconhecerão a Deus. Não haverá Papa. Surgirá um grande homem (Grande Monarca). A ira de Deus fará as luzes apagarem (sol escuro e três dias de escuridão). Grandes terremotos. Os astros devolverão as luzes. (fim dos três dias de trevas) Os infiéis mudarão suas leis: haverá um só Pastor, um só rebanho e só templo (conversão religiosa)".

Se essas profecias estiverem se referindo ao Brasil, e se forem autênticas, seriam as profecias brasileiras não indígenas mais antigas conhecidas e registradas sobre a queda do céu.

---

[9] Profecias sobre grandes mudanças na Terra, como surgimento de montanhas, afundamento de terras, terremotos, inundações, trevas etc.

[10] Conheci esta profecia na Biblioteca Nacional da Espanha em 1998 no livro espanhol *Las Profecias en Relacion al Estado Actual y al Destino Futuro del Mundo*. Lérida: Imprenta de M. Carruez, 1871, anônimo, que é uma compilação com dezenas de profecias, muitas pouco conhecidas em termos mundiais, muitas com a fonte citada.

# PADRE FRANCISCO GONÇALVEZ LOPES (1694-1770?)

O padre Francisco Gonçalvez Lopes foi um padre português nascido no Minho. Considerado exorcista na época, ficou conhecido por essa razão como o padre Xota-Diabos. As profecias do padre Xota-Diabos, especialmente as profetizadas com Rosa (ver em seguida) estão entre as mais interessantes do Brasil católico, ao lado das profetizadas por Padre Cícero. Em certo momento de sua vida no Brasil, o padre passou a anunciar um dilúvio devastador, enredado em imagens apocalípticas.

Quando tinha cerca de 50 anos, este padre comprou a escrava Rosa Egipcíaca, ex-prostituta, e juntos passaram a anunciar a inundação que alagaria o Rio de Janeiro que, acompanhada de terremotos, aplanaria os montes de Minas Gerais. É possível que Xota-Diabos tenha começado a anunciar esses eventos proféticos após sonhos de um devoto contados em confissão, como parece.

Com o passar dos anos, a crença e as profecias de inundação passaram a ser associadas à Rosa. Apesar dessas profecias sobre inundação no Brasil poderem ter nascido aqui, poderem ter sofrido influência indígena ou europeia, trazida por missionários, parecem ter surgido em confissões da época[11]. Contudo, elas existiam na Europa desde, pelo menos, o início do século XVI, já que aparecem citadas nos pouco conhecidos almanaques de Nostradamus, no *Liber Mirabilis*, etc. Há também profecias portuguesas em uma tragédia teatral escrita por um dos maiores poetas portugueses, Antônio Ferreira, publicada em 1587, chamada *Castro*, sua obra mais conhecida: "a terra subirá onde os ceos andam, o mar abrazará os ceos, e terra, o fogo será frio, o sol escuro". Aqui se encontram, portanto, em profecias quinhentistas portuguesas, a expressão "sol escuro" que será muito citada por Padre Cícero, e também profecias sobre uma enorme inundação que chegará aos "ceos". Eram conhecidas essas profecias do sol escuro e de uma

---

[11] Veja a geoprofecia de 1760 em seguida, em Rosa Egipcíaca.

grande inundação em Portugal no século XVI para o fim dos tempos?[12]

Assim como Padre Antônio Vieira, preso por estudar profecias pela Inquisição, o Padre Xota-Diabos ficou preso cinco anos em Portugal devido à Inquisição.

---

[12] Dez anos antes, em Madri, em 1577, o professor de teologia Jerónimo Bermúdez publicava a tragédia *Nise Lastimosa* e, em um trecho dela, González, dizia: "in noche escura dia será al mundo: quietas estarán Scila y Caribdis, reposarán com Eolo Neptuno, del mar se cogerán maduras mieses, el cielo cadrá sobre la tierra..."

# ROSA EGIPCÍACA (1712-1771?)

Africana, escrava e prostituta que, por volta dos seus 30 anos, após vender as joias que tinha ganho com a prostituição e dar aos pobres, se tornou beata visionária. Declarada embusteira, foi açoitada cruelmente em praça pública em Minas Gerais. Após esse evento, a ex-prostituta Rosa Egipcíaca e o exorcista Xota-Diabos viajaram para o Rio de Janeiro[13]. As visões e profecias continuaram e, assim, tanto Rosa como o Padre Xota-Demônios foram enviados para Portugal, onde passaram por processos da Inquisição. Como consequência, o Padre ficou preso por cinco anos. Rosa Egipcíaca permaneceu inabalada, afirmando que suas visões, revelações e profecias eram verdadeiras. De acordo com Rosa, além de suas visões, dava de mamar ao menino Jesus, quando ele vinha diariamente penteá-la. De acordo com testemunhas oculares, falava grosso quando possuída por Satanás. A data de sua morte é disputada. O antropólogo Luiz Mott, autor de uma abrangente biografia de Rosa Egipcíaca[14], afirma que faleceu em 1778, mas seu auto de falecimento data de 1771.

De acordo com pesquisas feitas por Mott, em meados do século XVIII, mais exatamente a partir de 1756, Rosa começou a insistir na profecia que o Rio de Janeiro iria ser inundado e destruído do mesmo modo como acontecera no ano anterior com Lisboa, através de um terrível terremoto. Assim, Madre Rosa, como era chamada, convenceu dezenas de famílias a refugiarem-se no Recolhimento de Nossa Senhora do Parto, fundado com auxílio de um rico sacerdote de Minas, garantindo que seriam os únicos sobreviventes ao dilúvio e que essa Arca de Noé iria cruzar o oceano para encontrar-se triunfalmente com o Rei D. Sebastião, "o Encoberto" – desaparecido há dois séculos no Marrocos, o qual tinha escolhido a negra Rosa como sua esposa e que, deste matrimônio e de seu ventre, nasceria o novo Redentor da humanidade.

---

[13] Na época, viagens a cavalo do Rio de Janeiro para Minas Gerais (ou vice-versa) duravam algumas semanas.

[14] Mott, Luíz. *Rosa Egipcíaca. Uma santa africana*. Rio de Janeiro: Bertrand Brasil, 1993

Durante tudo disso, os montes de Minas Gerais seriam aplanados.

Na capela onde Rosa era a figurante de maior destaque os devotos acreditavam que, naquele dia tenebroso em que a Divina Providência castigaria a América Portuguesa, quando "o dilúvio das Minas vier dar ao mar salgado, derrubando todos esses montes (de Minas) e quando todos os mais rios se hão de soltar e o mar há de sair fora dos seus limites, ficando toda a cidade do Rio de Janeiro dentro de suas entranhas", o Recolhimento do Parto se transformaria milagrosamente na Arca dos Cinco Corações, começando a flutuar, ocorrendo aí seu feliz encontro com a nau capitaneada por D. Sebastião, o Desejado. Nesse momento, "Rosa ia se casar com Dom Sebastião, e suas quatro evangelistas também se casariam com seus vassalos ou criados, voltando para reformar o mundo e fundar o Império de Cristo". Cumprir-se-ia, assim, a tão desejada profecia feita pelo Todo-Poderoso ao fundador do Reino Portucalense: "Quero em ti e na tua descendência formar um Império!"[15]

A profecia abaixo foi feita em 25 de junho de 1760:

"O rio está para se soltar e há de destruir e arrasar a maior parte das Minas. Todos os montes hão de cair. (...) porque há de ser um dilúvio que nunca se viu outro em todo o mundo, e esta é a enchente que aquela criatura de palácio contou a teu padre confessor, que o Senhor lhe mostrou junto com o sonho que é porque esse dilúvio há de vir dar o mar derrubando todos esses montes e unir-se com esse mar salgado que vês defronte do palácio e que todos os rios se hão de soltar e o mar há de sair fora dos seus limites, ficando todas as cidades dentro das suas entranhas. (...) E que quando vir aparecer uma estrela no céu muito resplandecente, deitando de si muitos raios, e desta estrela hão de aparecer lanças do sol afora e vir a horas mortas um tropel grandioso como de besta, que todo o povo das Minas se prepare, porque está chegando o número dez, que são os dez mandamentos quebrantados".

O anúncio do dilúvio apocalíptico procede de anúncios há muito difundidos pelo padre Xota-Diabos que parecem ter se originado de sonhos confessados por um ou mais devotos. Em um determinado

---

[15] Grande parte dessas informações foram encontradas na obra de Luiz Mott: *Cadernos IHU ideias*. Rosa Egipcíaca: Ano 3 - nº 38 -2005 - 1679-0316. p.15. Uma Santa Africana no Brasil Colonial. Universidade do Vale do Rio dos Sinos - Unisinos

momento, ele a revelou o evento, com a mesma dramaticidade dos seus exorcismos, que passou a ser profetizado por Egipcíaca.

"Que no próximo dilúvio, o Recolhimento de Nossa Senhora do Parto seria a arca de Noé onde o Verbo Divino ia se encarnar numa criatura e estabelecer um mundo mais perfeito que o presente"[16]

Rosa também é autora de *Sagrada Teologia do Amor Divino das Almas Peregrinas,* o livro mais antigo escrito por uma mulher negra no Brasil, parcialmente destruído por Xota-Diabos, para preservá-la da Inquisição.

---

[16] Parte dessas informações sobre Rosa foram retiradas do artigo de Godoy, Márcio Honório. Publicado em *Revista USP.*
São Paulo. Nº 96. P. 110-123. Dezembro/Fevereiro 2012-2013
Rosa Egipcíaca: uma santa popular e seu matrimônio com o Rei Encantado e Encoberto em uma profecia mestiça.

## LENDA DA ESPADA DO MONGE FRANCISCO SOLEDADE (séc. XVII-1722)

O monge que teria falecido em 1722 é abordado por Euclides da Cunha, em *Os Sertões*, citando "a lenda emocionante de um monge que ali viveu em companhia de uma onça". Ele teria sido o português Francisco Mendonça Mar, que inicialmente fixou-se em Salvador. Influenciado por leituras de Antônio Vieira, abandonou tudo, descobriu um abrigo entre as rochas em 1691, nas margens do Rio São Francisco, onde viveu em uma vida solitária. Câmara Cascudo escreve que "o ermitão da Lapa abrigava peregrinos e doentes e a Lapa transformou-se em lugar de milagres, atraindo a visita de centenas".[17] Em 1702, o arcebispo da Bahia pediu que ele se dedicasse ao sacerdócio e ele foi ordenado padre em 1705. A Lapa (rocha) onde ele vivia se tornou o santuário do Bom Jesus.

A lenda profética associada ao Monge Francisco Soledade foi passada de geração em geração. Ela conta que no alto de um penhasco não longe da "gruta do monge" existe um ferro em forma de espada cravado em uma rocha a uma altura de cerca de oitenta metros. Segundo os habitantes locais, quando a espada do monge se soltar e cair, será o fim do mundo.[18]

---

[17] Cascudo, Luís Câmara. *Dicionário do Folclore Brasileiro*. Rio de Janeiro: Instituto Nacional do Livro, 1962 (a primeira edição é de 1952)
[18] Cury, Toninho. *Diário da Região*. Artigo publicado neste jornal em 25 de agosto de 1999

# FREI CLEMENTE DE ADORNO (séc. XVIII-1806)

O Frei Clemente de Adorno, capuchinho italiano, ficou conhecido como "o apóstolo do Rio Pardo, região do norte de Minas Gerais e sul da Bahia, venerado pelo povo", após um período de vinte e três anos em missões. Chegou ao Brasil em 1778. Ele teria chegado à região do norte de Minas em 1793, com a missão de catequizar os índios do alto Rio Pardo, na região da Serra do Pau D'arco (Serra Geral), de acordo com o artigo escrito por Dário Cotrim, Frei Clemente – O Missionário de Deus, publicado no jornal *O Norte de Minas* em 7/2/2013[19], que cita várias fontes[20] sobre o frei, assim como o artigo publicado na Revista do Instituto Histórico e Geográfico de Montes Claros[21], publicado pelo mesmo autor, que também é Diretor e Editor da RIHG de Montes Claros e também autor de um livreto sobre o Frei Clemente. [22]

Hoornaert[23] menciona uma profecia que circula no nordeste atribuída a Frei Vidal ou a um Frei Clemente de Adorno:

"O monte do Tremedal (situado a cerca de 580 metros de altitude, perto da atual cidade de Vitória da Conquista na Bahia) ia se afundar, transformando-se num lago; esse seria o fim do mundo, em castigo dos pecados".

Em 1918, o historiador Antonino da Silva publicou no *Correio*

---

[19] Disponível online

[20] O Cônego Newton de Ângelis (Efemérides Riopardenses), Arthur Jardim de Castro Gomes (Água Quente ou Montezuma), Antonino da Silva Neves (Corografia do Município de Tremedal), Simeão Ribeiro Pires (Raízes de Minas), Frei Fidelis M. de Primeiro (Capuchinhos em Terra de Santa Cruz), Honorato Ribeiro dos Santos (História de Carinhanha) e o Padre Turibio Vilanova Segura (Bom Jesus da Lapa - Resenha Histórica)

[21] Cotrin, D. *Revista do Instituto Histórico e Geográfico de Montes Claros* Montes Claros: Instituto Histórico e Geográfico de Montes Claros. Volume XVIII, 1º semestre de 2017

[22] Hoornaert, Eduardo (coord.) *História da Igreja no Brasil.* Tomo 2. Petrópolis: Vozes, 1977

[23] Idem.

*Paulistano* de 5 de fevereiro: "não há ninguém pelo norte de Minas e pelo sul da Bahia que não saiba da história de Frei Clemente, o heróico caçador de almas, e a sua secular profecia: o afundamento de Tremedal, transformando-se em lago".

O Frei Clemente de Adorno teria falecido porque a fazendeira Maria Rosaria da Rocha Pereira teria entrado em choque com o rígido padre e teria ordenado envenenar o vinho da missa na vila de Boa Vista do Tremedal, em sua propriedade (hoje, a cidade Monte Azul). Durante anos, procissões foram realizadas para lamentar a sua morte, na Fazenda de São Bartolomeu. De acordo com o artigo no jornal O Norte de Minas, além dessa profecia atribuída a Frei Clemente, outras foram catalogadas ao longo dos anos, incluindo a "lenda da serpente", sobre uma serpente gigante que sairá de seu esconderijo e comerá todas as pessoas no fim dos tempos.

# FREI VIDAL DE FRASCAROLLO (1750?-1820?), também FREI VITAL DA PENHA

Outra profecia importante feita no Brasil é a profecia de Vitale da Frascarolo, conhecido no Brasil como Frei Vital de Frascarolo ou Frescarolo, missionário capuchinho italiano de Frascarolo, uma região próxima de Pádua, que trabalhou no convento da Penha em Recife. Ele chegou ao Ceará em 1796 onde missionou e no ano seguinte perambulou pelo interior do Ceará. Percorreu grande parte do Nordeste e deixou fama de iluminado e profeta. Algumas obras afirmam que suas profecias foram feitas em 1817 ou 1818. Circulavam em centenas de cópias secretas no século XIX, como afirma Câmara Cascudo em sua obra *Religião no Povo*. A sua profecia anuncia uma "guerra consumidora" e o "sol escuro".

A sua profecia mais conhecida foi publicada na *Revista do Instituto do Ceará*, publicação que existe desde 1887, em 1934, no artigo Pela História do Ceará, escrito por Eusébio de Sousa, com as seguintes palavras:

"Corre, pelo mundo afora, impressa, uma profecia atribuída a Frei Vidal. Dão-na como se fôra escrita no ano de 1817, da revolução separatista e republicana de Pernambuco, justamente onde se vai 'esbarrar com o maior número de padres e frades' nela envolvidos. É interessante em sua forma; todavia, muito deixa a desejar o seu conteúdo.

Nada se perde em conhece-la, como documento que nos legou a história, embora a julgue deturpada do original primitivo, quando outras cópias existem, que não confrontam com a que foi transformada em letra de forma.

Escreveu o missionário:

'Quando vires quatro irmãos[24] saírem da União, guarda-te, Pernambuco, que lá chegou o teu quinhão.

---

[24] Os quatro irmãos podem se referir a XX XX, o que poderia indicar a década de 2020.

Quando vires os homens do Brasil presos e desgraçados, as masmorras ocupadas, piratas do mar, a gente da Europa a assolar, ameaça o tempo da chegada.

Quando vires os rapazes de Pernambuco de barretina e mitra aprendendo exercício, fazendo batalha, corre logo com a mecha ao fogão que os soberbos cavalheiros já te cercam, una-se a todos a corpo, ataquem o inimigo e defendam a lei de Christo, que quando se virem perdidos ahí verão o milagre.

É muito crua a guerra que vem para cá, ahí comerás o soldo do vosso soberano e cada um será premiado conforme as suas façanhas, aí verás na afamada Muribeca, nascer uma mina de prata que abrangerá toda a sul América.

Intentos grandes haverão, porém, na era de 189... antes ou depois, verás cousas mil, no mez mais vizinho de abril.[25]

Quando vires Pedro e outros flagellados todos se acabarão a bocados, por serem findos os trez tempos com os seis números dobrados, e então acontecerá o que vou expor: - Um grande círculo haverá que a redempção cobrirá e a estrella haverá que a todos iluminará. Esta será a guia que primeiro não quererão depois abraçarão e do centro do sertão virá quem tudo acabará. Isto há de acontecer porque nos signaes que nos cobrem assim o indicam: um só rei haverá que tudo dominará e eu posto onde Deus for servido, verei o acontecido. De dois a dois VV um de perna para baixo e outro de perna para cima, quatro voltas de um compasso[26], vae chegando a um ponto d'um disforme mortaço, no meio ponto a thesoura verão a guerra consumidora e o tempo será tal que tudo irá a final.

Quando vires o sol escuro amolla a faca para comeres couro no futuro, que na era dos XX[27] verás rebanho de vinte mil. Isto há de acontecer quando o céo fizer signal, os povos fora de linha andarão como os pintos atraz da gallinha.

---

[25] Profecia que também já foi publicada como "na era de 1922".

[26] Dois a dois VV poderiam representar VV VV. Como há um de perna para baixo e outro para cima, formam XX XX e poderiam significar 2020. Veja também a profecia espírita europeia de 1959 sobre os dois gêmeos em sequência no apêndice 3.

[27] A era dos XX poderia ser interpretado como o século XX ou a década de 20.

Quando vires a guerra feixar as duas pontas, serão tomadas todas as contas. Tudo há de acontecer arder e depois florescer, porque Deus o quer e eu o sei, por assim está escripto".

Trechos da profecia acima estão incluídos no livro *Voz do Padre Cícero e outras memórias* de Maria da Conceição Lopes Campina, como o seguinte:[28]

"E meu Padrinho Cícero disse também que a profecia de Frei Vital é certa. Que Deus dizendo as palavras e Frei Vital da Penha escrevendo. Frei Vital da Penha disse uma palavra boa para nós: "Há de arder e florescer", porque o povo morre todo, mas não deixa a Igreja de Deus.

No mesmo livro, p. 195, há a seguinte profecia do Frei, onde se percebe leve discrepância com a impressa em 1934:

"Quando vires os rapazes de Pernambuco formando batalhão, te prepara Pernambuco, que aí chega o teu quinhão. Se te vires agredido por teus inimigos, se reúnam todos em um só corpo e ataquem o inimigo e verão o milagre'. E a profecia de Frei Vital para o Ceará é esta: 'Aparecerá na Serra da afamada Muribeca[29] uma mina de prata que esbanjará todo o sul da América e o Ceará fica soberbo".

A seguinte profecia da cama de baleia também foi atribuída a Frei Vital, mas parece ter origem indígena, dos índios cariri, com base em relatos de moradores do Cariri:

"próximo daqui será cama de baleia, nas cabeceiras desse riacho vão construir um açude que terá nome de um pássaro e ficará como herança para o povo dessa região, haverá uma época que esse açude irá arrombar e todas as cidades que estão às margens desse rio serão destruídas e

---

[28] Campina, Maria da Conceição Lopes. *Voz do Padre Cícero e outras memórias*. São Paulo: Ed. Paulinas, 1985

[29] Em tupi-guarani significa lugar de fartura. Não encontrei a Serra da Muribeca no Ceará, apenas na Bahia, chamada também de Serra do Paulista, de acordo com livros do século XIX. Conforme se encontra no Dicionário de Moreira Pinto, situada próxima da cachoeira de Paulo Afonso (município de Paulo Afonso), no rio São Francisco, na Bahia. O *Diccionario geographico, historico e descriptivo do imperio do Brazil* de Milliet de Saint-Adolphe, 1845, já dizia que "dizem que nella existem minas de cobre e de prata". O mesmo afirma o Diccionario topographico do imperio do Brasil de 1834 de José Saturnino da Costa Pereira. Já Corografia brazilica, 1817, anônimo, diz "a serra da Borracha, por outro nome Muribeca, onde se diz que há abundância de cobre e também alguma prata".

Santana do Acaraú será cama de baleia, pois só a torre da igreja fica do lado de fora". O Frei também dizia a Sobral que ela viraria "cama de baleia" ou "cama de tubarões", como atesta uma dissertação de mestrado de Francisco Dênis Melo. A profecia da cama da baleia, associada a uma inundação que ocorrerá no futuro, se encontra em algumas cidades do interior nordestino, assim como a profecia do sertão que vai virar mar, cantada por Sá e Guarabira em *Sobradinho* e Glauber Rocha em *Perseguição – sertão vai virar mar* no filme *Deus e o Diabo na Terra do Sol.* No Cariri cearense, ela está também associada ao retorno dos índios cariri após a inundação, expulsos no passado. Na obra *Folclore do Cariri*, o autor[30] registrou a profecia da cama da baleia, quando os índios voltarão e "as nascentes serão destapadas e as águas impetuosas inundarão sítios e cidades".

De acordo com José Correia da Silva em sua obra *O Aracati que eu vivi*[31], em meados do século XVIII, o frei profetizou que "gafanhotos de ferro haveriam de cruzar os ares" e "cavalos sem cabeça" correriam pelas ruas.

O jornal católico *A Verdade*, de Fortaleza, 1894, publicou a seguinte profecia atribuída ao Frei Vidal, republicada em *O Rebate*, de Sobral, em 1907, que explicava: "hoje no Ceará, por toda parte, está espalhada a profecia..." Republico aqui a parte final:

"De dois a dois VV,

Um de pernas para baixo

E outro de pernas para cima

Quatro pernas de um compaço,

Vão chegando a um ponto

De um disforme mortaço;

No meio pende a tortura:

Verás a guerra consumidora

Que na era dos dois XX,

Verás rebanho de vinte mil.

---

[30] Figueiredo Filho, José. *Folclore do Cariri*. Fortaleza: Imprensa Universitária do Ceará, 1960
[31] Correia da Silva, José. *O Aracati que eu vivi*. Queima-bucha, 2011

Isso há de acontecer,

Quando o céu fizer o sinal."[32]

O jornal *Gutenberg*, de Maceió, de 20 de novembro de 1897, publicou a mesma profecia conforme a *Revista do Instituto do Ceará* nos anos 1930, com o seguinte preâmbulo:

"lembrei-me que em principio do anno um cearense me havia dado copia da que junto te remeto, para publicares si assim entenderes e que tinha e tem ainda uma enormíssima acceitação nos sertões do norte, Ceará principalmente. É attribuída a um D. Vidal, missionário"

A profecia original falava de "dois VV", enquanto que alguns relatos mais recentes dessa profecia, como os de Conceição Campina publicados em 1985 e o de Câmara Cascudo publicado em 1974 registraram um texto supostamente deturpado, diferindo dos registros mais antigos onde no texto mais novo desaparecem a palavra "dois" restando apenas "os VV", o que faz toda a diferença, já que os dois VV (um para baixo e outro para cima) ou dois XX (XX XX) permite associar o evento à 2020 e possivelmente à década de 2020.

Ralph Della Cava[33] afirma que essa profecia foi atribuída a Frei Vidal após a sua morte.

---

[32] Citado por Kalliany M. M. Vitoriano em seu artigo Memórias do Porvir, publicado em Ramos, Francisco Régis Lopes. (Org) *História, Memória e Historiografia*. Coleção História e Historiografia. VI Seminário Internacional História e Historiografia. Sobral, CE: Sertão Cult, 2020.

[33] Della Cava, Ralph. *Milagre em Joaseiro*. São Paulo: Companhia das Letras, 2014

# MONGE JOÃO MARIA D'AGOSTINI (1801-1869)

Imigrante italiano nascido em Sizzano, na Itália, em 1801, chegou na Venezuela em 1838, veio ao Brasil em 1843, viveu em Sorocaba (SP) e depois em Candelária e Santa Maria (RS). Uma espécie de eremita leigo que estudou Teologia em um mosteiro, falava latim e francês. Foi considerado curandeiro, conselheiro e profeta. O seu trabalho começou a incomodar os poderosos locais e o General Francisco José d'Andréa, Barão de Caçapava, mandou prender o monge e então ele foi para Santa Catarina e Paraná e depois percorreu outros países, como Argentina (final dos anos 1840), Uruguai, Paraguai, Chile, Cuba, Bolívia, Peru, México etc. Segundo Alexandre Karsburg, chegou aos Estados Unidos e Canadá, viajando a pé, de barco e a cavalo, fixando residência em grutas e cavernas. Morreu assassinado em 1869 e foi sepultado em Mesilla, México, na fronteira com os Estados Unidos.

Em suas pregações, o Monge João Maria d'Agostini profetizava sobre o fim do mundo.

Uma certa Miquelina teria contado algumas de suas profecias: "Vai chegar um tempo do homem voar, esse tempo não vai ter rico nem pobre, todo mundo vai ter fechadura de prata nas suas casas. (...) O homem ainda vai correr sentado, a estrada vai ser pintada".

Essas profecias acima, às vezes, são atribuídas também a outros dois "João Maria" que viveram no sul do Brasil em outras épocas.

## PADRE JOSÉ ANTÔNIO PEREIRA IBIAPINA (1803-1883)

Ao Padre Ibiapina, cearense, foram atribuídos profecias e milagres, como atesta Luís da Câmara Cascudo, em sua obra *Religião no Povo*, afirmando que ele "fez muitos milagres, previsões miraculosas, intervenções santificantes". Câmara Cascudo conta que sua Tia Naninha o jurava taumaturgo, vidente e profeta e que "O Coronel Cipriano Bezerra Galvão Santa Rosa, antigo presidente da Intendência do Acari, disse-me ser corrente no seu tempo a profecia do Padre Ibiapina, mas não recordava os assuntos fixados". A profecia parece ter caído no esquecimento ou não foi cumprida. Não encontrei a profecia na obra *Ibiapina: um Apóstolo do Nordeste* de Celso Mariz publicado originalmente em 1942 pela Editora Universitária/ UFPB.

A obra *Crônica das Casas de Caridade* de Hoornaert[34] afirma que em 1864 o Padre Ibiapina fez a seguinte premonição: "estabeleço aqui esta Casa, mas ela não há de permanecer".

Van der Poel[35] cita a profecia apocalíptica que, pela tradição oral, chegou até os dias de hoje, graças a uma certa Margarida Maria da Silva, de Esperantina, Piauí:

"Nós tamos no fim da vida, não temos pra onde ir, busquemos a penitência, para nós concluir. Os espelhos estão à vista, sem a luz nós estamos vendo tanto pecador no mundo, nossas almas se perdendo. Frei Biapino deixou escada pra ir pro céu, bem feliz dos pecadores, quem tiver anjo no céu".

Della Cava conta uma outra profecia de Ibiapina, que dizia que Deus nada faria com o seu povo enquanto existissem as suas casas de caridade.

---

[34] Hoornaert, Eduardo. *Crônica das Casas de Caridade fundadas pelo Padre Ibiapina*. Fortaleza: SCECE, 2006
[35] Van der Poel, Francisco. *Dicionário de religiosidade popular*. Curitiba: Nossa Cultura, 2013.

## FREI SERAFIM DE CATÂNIA (1810?-1887)

O Frei Serafim de Catânia foi um missionário italiano que chegou ao Brasil em 1841. Ao longo do século XIX, percorreu o Nordeste pregando e edificando igrejas. Ao Frei foram atribuídos milagres e profecias que, segundo parece, previam a República e o falecimento do Imperador no desterro. Predisse também o avião e a transplante de órgãos humanos. No século XX, segundo ele, o homem desceria e subiria a mulher. O ouro não teria valor e as viagens seriam feitas em cavalos de madeira. Entre as suas profecias autênticas, está também a profecia que predisse que "reinaria um Papa sulamericano", que acabou se concretizando com a escolha do Papa argentino Francisco. Essas suas profecias foram registradas por Câmara Cascudo em *Religião no Povo*. De acordo com Cascudo, No nordeste, as suas profecias eram copiadas entre os anos 1850 e 1880. Faleceu em Catânia em 1887.

## FREI VENÂNCIO MARIA DE FERRARA (séc. XIX)

Ao Frei Venâncio Maria de Ferrara, missionário capuchino, também italiano, capuchinho que também trabalhou em Penha, no Recife, foram atribuídas profecias. Ele chegou em Campina Grande em 1866 saindo de Olinda. De acordo com Luís da Câmara Cascudo, em *Religião no Povo*, "a sua profecia desapareceu".

# DOM BOSCO (1815-1888)

Nascido e falecido na Itália, João Bosco, mais conhecido como Dom Bosco, canonizado em 1934, teve vários sonhos proféticos em seu país. O seguinte tem relação com o Brasil. Dom Bosco o contou em uma reunião do Capítulo Geral da Congregação, no fim do século XIX. Padre Lemoyne, que recolhia as memórias do Santo, que foram publicadas posteriormente com o título de *Memórias Biográficas*, transcreveu-o e submeteu-o à correção de Dom Bosco.

"Percebi que estava dormindo e parecia-me, ao mesmo tempo, correr a toda velocidade, a ponto de me sentir cansado de correr. (...) Enquanto hesitava se se tratava de sonho ou realidade, pareceu-me entrar em um salão, onde se achavam muitas pessoas, falando de assuntos vários. (...) Nesse ínterim, aproxima-se de mim um jovem de seus dezesseis anos, amável e de beleza sobre-humana, todo radiante de viva luz, mais clara que a do sol".

O misterioso guia o acompanhou durante toda a viagem e diz que vai dar um pouco de trabalho. Dom Bosco pergunta qual é o trabalho:

"No meio do salão havia uma mesa, sobre a qual estava enrolada uma corda. Vi que a corda estava marcada com linhas e números, como se fôra uma fita métrica. Percebi mais tarde que o salão estava situado na América do Sul, exatamente sobre a linha do Equador, correspondendo os números impressos na corda aos graus geográficos de latitude. (...) Via tudo em conjunto, como em miniatura. Depois, como direi, pude ver tudo em sua real grandeza e extensão. Foram os graus marcados na corda, correspondentes exatamente aos graus geográficos de latitude, que me permitiram gravar na memória os pontos sucessivos que visitei na segunda parte do sonho. Meu jovem amigo continuava: Pois bem, estas montanhas são como balizas, são um limite. Entre elas e o mar está a messe oferecida aos Salesianos. São milhares, são milhões de habitantes que esperam o seu auxílio, aguardam a fé. Aquelas montanhas eram as cordilheiras da América do Sul e o mar o Oceano Atlântico. (...) 'Isto acontecerá antes que se passe a segunda geração.'

Ele disse. 'E qual será a segunda geração?' E a resposta 'A presente não conta. Será uma outra, depois outra.' 'E quantos anos compreendem cada geração?' E a resposta é: 'Sessenta anos'.

Se a presente não conta e será uma outra e depois outra, temos que estimar as duas próximas mais o restante da atual, vamos supor metade. Isso daria cerca de 150 anos. Como o sonho ocorreu por volta de 1880, podemos estimar 2030, ou seja, isso ocorrerá antes de 2030.

"'Quer ver o que sucederá depois? Venha cá.' E, sem saber como, encontrei-me numa estação ferroviária. Havia muita gente. Embarcamos. Perguntei onde estávamos. Respondeu o jovem: 'Note bem! Observe! Viajaremos ao longo da cordilheira. O sr. tem estrada aberta também para leste, até ao mar. É outro dom de N. Senhor.' Assim dizendo, tirou do bolso um mapa, onde vi assinalada a diocese de Cartagena. Era o ponto de partida. Enquanto olhava o mapa, a máquina apitou e o comboio se pôs em movimento. Viajando, meu amigo falava muito, mas nem tudo eu podia entender, por causa do barulho do trem. Aprendi, no entanto, coisas belíssimas e inteiramente novas sobre astronomia, náutica, meteorologia, sobre a fauna, a flora e a topografia daqueles lugares, que ele me explicava com precisão maravilhosa. Ia olhando através das janelas do vagão e descortinava variadas e estupendas regiões. Bosques, montanhas, planícies, rios tão grandes e majestosos que eu não era capaz de os crer assim tão caudalosos, longe que estavam da foz. Por mais de mil milhas, costeamos uma floresta virgem, inexplorada ainda agora. Meus olhos tinham uma potência visual surpreendente, não encontrando óbice que os detivesse de estender-se por todas aquelas regiões. Não só as cordilheiras, mas também as cadeias de montanhas isoladas naquelas planuras intermináveis eram por mim contempladas (o brasil?)" [Dom Bosco escreveu com ponto de interrogação e com inicial minúscula, no manuscrito original].

Tinha debaixo dos olhos as riquezas incomparáveis deste solo que um dia serão descobertas. Via numerosas minas de metais preciosos, filões inexauríveis de carvão, depósitos de petróleo tão abundantes como nunca se encontraram em outros lugares. Mas não era ainda tudo. Entre o grau 15 e o 20[36] havia uma enseada bastante longa e bastante larga,

---

[36] A bacia de Campos é a região com mais petróleo no Brasil. Encontra-se entre os paralelos 21 e 23. Os paralelos 15 e 20 ficam acima da bacia de Campos. As minas ainda não foram descobertas.

que partia de um ponto onde se forma um lago. Disse então uma voz repetidamente: quando se vier cavar as minas escondidas no meio destes montes (desta enseada), aparecerá aqui a terra prometida, que jorra leite e mel. Será uma riqueza inconcebível".

Durante muitos anos se acreditou que Dom Bosco previu a construção de Brasília no local entre os paralelos 15 e 20, por isso, ele é o padroeiro de Brasília, mas não há absolutamente nada que comprove que ele profetizou Brasília, até porque fala de "minas escondidas em montes", que não tem nada a ver com Brasília, exceto se fosse dinheiro desviado do povo brasileiro por políticos e escondido ali.

## PADRE CÍCERO (1844-1934)

A figura de Padre Cícero, nascido em Crato, no Cariri cearense, chamado de Oásis do sertão, possui enorme carisma no Nordeste até hoje, tanto que peregrinações continuam sendo feitas à sua estátua.

Em 2019, a Câmara de Vereadores de Juazeiro do Norte instituiu o dia 1º de setembro como Dia da Profecia. A razão foi porque no dia 1º de setembro de 1895, uma família viajou 720 quilômetros, por três semanas até chegar em Juazeiro do Norte. Diante de testemunhas, Padre Cícero disse que o menino Aureliano, na época com 8 anos, teria 36 filhos e 5 casamentos. A profecia se concretizou em 1956. Todas as quatro primeiras esposas de Aureliano morreram no parto.

Várias lendas foram associadas à sua vida, inclusive milagres foram atribuídos a ele. Diz a lenda popular nordestina que no dia de sua morte, uma cruz apareceu no firmamento. Em outra lenda, uma criança o teria visto se elevar no ar cerca de um metro. Similarmente, é difícil saber quais profecias são autênticas e quais foram atribuídas ao Padre Cícero, já que ele nada escreveu sobre isso. É possível que a maioria tenha sido atribuída a ele.

Por exemplo, parece que um documento chamado Aviso do Padre Cícero Romão Batista, a propósito dos acontecimentos que breve virão sobre a terra (datado maio de 1920), foi forjado em 1964, quando atribuíram neste documento várias profecias inéditas a Padre Cícero, entre elas: "bolchevismo, ditadura, como hoje está convertida a Rússia em um governo anti-cristão, forma de goveno esta, que brevemente, se espalhará por toda a face da terra", "O anti-Cristo sairá da Rússia", "a guerra civil começará na Rússia", "o pobre revoltar-se-á contra o rico". O documento foi forjado na época da ditadura pelos militares e distribuído em abril de 1964. Percebe-se que se trata de uma falsificação porque a ortografia do impresso não corresponde à ortografia da década de 1920, quando *dilúvio*, por exemplo, se escrevia *dilluvio*, *Cristo* era *Christo* etc. e, além disso, o tipo de impressão é de qualidade superior à impressão da época.

É na literatura de cordel que se encontram muitas profecias

brasileiras atribuídas a Padre Cícero e outros párocos nordestinos, contudo deve-se duvidar da autenticidade dessas profecias, já que são muitas vezes atribuídas a freis, padres ou simplesmente inventadas em folhetos de cordel. Também sobre Padre Cícero se verificam profecias que foram aparentemente manipuladas posteriormente, principalmente no que diz respeito às datas dos acontecimentos previstos.

Uma de suas profecias, contida no folheto de cordel *As últimas palavras do Padre Cícero Romão Batista* diz:

"Setenta e um é ruim

Setenta e dois é ainda mais

E setenta e três é também

Vantagem nenhuma traz

Demonstra ser mais ruim

Mas a carestia assim

O povo mesmo é quem faz".


"Porque nos últimos dias

Todo mundo tem de ver

Sinais no sol e na lua

E o oceano a gemer

Dando um estrondo temeroso

Aí vê-se o corajoso

Naquela hora tremer.


Descerão os quatro anjos

Mandados pelo eterno

Tocarão fogo na Terra

Queima o uso moderno

Se acaba a humanidade

Quem praticou a maldade

Irá sofrer no inferno!"

As profecias para os anos 70 parecem ser autênticas. Elas se encontram também no livro *Voz do Padre Cícero e outras memórias* de Maria da Conceição Lopes Campina, que diz na p. 169:[37]

"E aviso que ouvi meu Padrinho Cícero dizer a um homem: 'De setenta em diante vai haver sinais e dores do fim do mundo'. E ainda "Meu padrinho disse que desde que o ano que ele chegou a primeira vez em Juazeiro do Norte que Deus disse que ia acabar o mundo, porque não suportava mais os homens. E meu padrinho se atreveu a pedir por nós e foi atendido. Mas agora já estamos vendo que tudo está em andamento".

E na p. 175:

"Então meu Padrinho Cícero disse: 'Compadre Antônio, quando vocês virem um bicho do papo de fogo voando no ar, transportando uma família de uma cidade para outra, já está perto de se acabar o mundo". O mundo é o povo e é os aviões que vão bombardear as grandes capitais e as grandes cidades. É por isso que eu digo que meu Padrinho Cícero é um grande profeta. Deus o avisava".

Na p. 182:

"E disse: 'A guerra só chega aqui no fim dela, porque é o último lugar que vai brigar". Porque meu Padrinho disse que quando a guerra viesse chegar aqui, já estava muito combatida dos outros lugares, que dentro de 24 horas vencida. E a guerra que vinha pra aqui era a guerra dos mártires, quando os soldados comunistas vierem quebrar a imagem de todo jeito".[38]

Na p. 184

"Desde que eu conheci meu Padrinho Cícero, que foi dizendo estas

---

[37] Campina, Maria da Conceição Lopes. *Voz do Padre Cícero e outras memórias.* São Paulo: Ed. Paulinas, 1985

[38] Há poucas profecias sobre o envolvimento do Brasil na Terceira Guerra Mundial. Frei Antônio (séc. XVII) e Padre Cícero foram os únicos que encontrei. De qualquer forma, esta profecia pode ser interpretada da seguinte forma: no fim da Terceira Guerra Mundial, os russos chegariam ao Brasil, mas a guerra acabaria pouco depois da chegada deles.

coisas: que o mundo estava perto de se acabar e o povo desesperado, teimando contra Deus, formando lei, contra a Lei da Santa Igreja de Deus verdadeiro. Estas falas ele fez até o ano de 1930 na janela da casa dele, na Rua São José, aconselhando o povo a tudo e a mais, viu que não podia mais falar, que a sua voz não se compreendia mais de tão baixinha que ficou por causa de sua velhice".

Na p. 195:

"O comunismo vem, mas vocês morram, mas não se entreguem a esta lei dos comunistas".

Na p. 198

"Por três anos e seis meses a terra ficará entregue a Satanás e o demônio juntará um exército tão grande como nunca houve outro igual para destruir Jerusalém. E nesta hora Deus desce do Céu, que é Jesus Cristo assentado em uma nuvem, com grande poder e majestade, arrodeado de anjos e de seus santos e todo olho verá. (...) E Jesus joga um raio na terra, que será um estrondo tão grande como nunca houve e nem haverá outro semelhante. Choverá fogo do céu que tudo queimará. Cairão todos os prédios e monumentos. Cairão todas as ilhas e serras, cairão as estrelas do céu e afundará a terra nos fundos dos mares. Depois o Arcanjo vai clamar o povo à ressurreição dizendo 'Levantai-vos mortos!'"

Na P. 165:

"Quando o dia amanhecer, já está criada a tal lei que só compra e só vende quem tiver o carimbo da Besta-fera. E vocês pensam que a Besta-fera é uma besta em três pés como vocês andam dizendo? Não é não. É uma moça e muito bonita e bem cientista. Quando o dia amanhecer a lei está criada. Ela toca nos arames, que é o telegrama, e tudo fica pronto, subalterno às suas ordens".

Geoprofecia sobre o sol escuro, na p. 154:

"Que o tempo é chegado que meu Padrinho Cícero disse: 'De setenta por diante, começarão os sinais do fim do mundo'".

"Você, quando vê o sol escurecendo, feche as suas portas e escore com um pedaço de pau grosso. E se algumas mulheres ou homens se aperrearem para sair para fora, deixe ir embora senão eles viram bicho dentro de casa e sangram você e bebem o sangue, porque os amancebados têm muito ódio dos homens casados de boa vida".

Geoprofecia sobre os três dias escuridão, presente em profecias de diversas origens no mundo inteiro e nas lendas de diversos povos, como evento passado, na p. 152:

"E eu vou contar outra que o povo mais velho do Juazeiro contou que ouviu meu Padrinho Cícero dizer do sol escuro. Ele disse: 'O sol escurece, é com altura de novas horas do dia. Ele volta para trás e sobe uma nuvem negra e escurece. Sobe esta nuvem e cobre todo o céu, e dali por diante a lua e as estrelas não darão claridade. Só que clareia é o sol. (...) E nestas três noites é uma zoada tão grande nos becos das ruas das cidades, que parece dez latas batendo, dos gritos dos homens e das mulheres brigando uns com os outros e se mordendo. E com três dias, o sol limpa, mas daí por diante será uma seca tão grande que o povo vai comer é a carne dos bichos que vão morrer de fome e de sede e de morrinha. E o povo se vê doido de fome e aproveita até a carne de cavalo e de jumento e, afinal, tudo quanto é de bicho ele come. E morrem todos os animais de toda espécie, tanto morrem de fome, como morrem de sede e de peste. E é três anos e seis meses de seca das mais espantosas misérias".

Na p. 138:

"É medonha a profecia dele que diz: 'Por fora, assolará peste e guerra e por dentro assolará fome e peste'".

Geoprofecia do sol escuro, na p. 124:

"Vamos ter cuidado na seca do fim do mundo, que é a do sol escuro! Eu digo assim é porque eu ouvi meu Padrinho Cícero dizer que: 'Quando o sol escurecesse, a chuva que caísse mal dava para apagar o rastro de um animal'".

Na p. 94:

"De setenta em diante, eu digo, começarão todas estas coisas, porque Deus Nosso Senhor agora vai acabar o mundo dele é de pouco. Que ele se arrependeu de ter acabado o mundo de uma vez. Ele vai acabar é de tampo em tampo e de pedaço em pedaço. Uns cantos com inundação e outros com guerras, outros com a fome e a peste até destruir devagar para dar tempo ao povo se arrepender que o povo do mundo só se endireita é debaixo de castigo".

Na página 84, o Anticristo encarna no rei da Rússia:

"Meu padrinho disse: 'A guerra consumidora começava pelas nações civilizadas e cristãs, atingia até as nações bárbaras. A guerra continuava e o povo matava o rei da Rússia. Eles lá conservavam o corpo dele embalsamado três dias para ser visitado pelos amigos e com três dias o espírito de Satanás Lúcifer entrava no corpo dele e ele ressuscitava com o espírito do diabo e ele diz que é Jesus Cristo que foi novamente reencarnado, dizendo que não existe o inferno e nem purgatório, que só existe céu e terra".

Na seção de versos, no fim da obra, há os seguintes versos proféticos:

"Disse meu Padrinho Cícero

O nome do derradeiro Papa

É Pedro como o primeiro

Para ninguém se enganar

E quando sair o Anticristo

O mundo vai se acabar"


"Se der uma guerra tão grande

Por causa dos comunistas

Que a Rússia declara guerra

Contra o povo de Jesus Cristo

Cuidando em servir Jesus Cristo

E todos se arrepender

Seguindo o caminho de Deus

Se preparar para morrer."

Na p. 220:

"Disseram os romeiros antigos, que ouviram meu Padrinho Cícero dizer que no fim do mundo, o comunismo ia tomar conta do mundo, por causa do povo que, toda lei que eles vêm se metem dentro..."

Geoprofecia sobre o sol escuro, p. 221:

"Haverá sol escuro e a lua não dará mais a sua claridade e as estrelas negarão as suas influências. É terrível esta seca".

43

Na p. 224:

"Meus caros amiguinhos, aviso a todos, que em breve tempo, antes do dia final, o mundo vai ser conflagrado por uma grande guerra e isto acontecerá depois do ano de 1930. Guerra que consumirá três partes da humanidade. (...) Jesus Cristo virá busca-los nos dias destas três letras: X A I X I".

Ainda na p. 224:

"Na Espanha será proclamada a república. Morrerão dois papas e um será assassinado pelos cardeais e ressuscitará depois. Mistérios diabólicos! Questão religiosa que se comentará por toda Europa, América e Ásia e a manifestação do Anticristo e a confusão da humanidade naqueles dias. A Inglaterra será quase toda submetida por grandes temporais e terremotos. Os terremotos nas costas da Itália destruirão muitas ilhas e cidades. Ai de ti, ó Roma, que serás danificada por uma grande catástrofe! O mundo inteiro lamentará sobre ti. Lisboa será arrasada num momento, por um incêndio acompanhado de um temporal. A Rússia continuará com a sua perseguição religiosa até que apague o nome de Deus sobre a terra. De lá da Rússia sairá o Anticristo e aparecerá. Brevemente espalhará os seus emissários sobre a terra. A doutrina do Anticristo é o espiritismo e o judaísmo".

Na p. 225:

"Naqueles dias começará a guerra civil ou consumidora da humanidade. Antes da guerra os povos dirão que há paz e segurança, mas imediatamente sobrevirá repentina destruição. Então se cumprirão as profecias de Isaías e Daniel. O mundo inteiro será esfacelado pela guerra civil, guerra que começará pelas nações civilizadas e cristãs e se estenderá até aos bárbaros. A guerra civil começará na Rússia. Brigará nação com a mesma nação. Será guerra contra guerra. Guerra em terra, guerra nos mares, guerra nos ares, batalha contra batalha. Serão grandes as tropas, os povos revoltar-se-ão contra os governos e chefes de suas próprias nações, os pobres revoltar-se-ão contra os ricos, e os ricos, nobres e poderosos os matarão e os vencerão e os esmagarão. E os ricos e nobres andarão, depois, escondidos nas cavernas dos montes e rochedos, porém, de nenhuma forma escaparão".

A profecia abaixo, conhecida como Machadinha de Noé, é uma cópia com variações de um trecho do opúsculo de Apolônio dos Santos (1911):

"Naqueles dias será terrível a fome, depois ingressará a peste. O que escapar da guerra ou da espada, não escapará da fome. O que escapar da fome, não escapará da peste. Por fora assolará a espada, e por dentro a fome e a peste. Eis aí, meus amiguinhos, o fim dos homens neste mundo. Serão destruídas em cinza e em pó todas as cidades. Eis a ira de Deus Todo-Poderoso, derramado contra os homens o castigo; devido ao pecado do orgulho e da soberba a terra ficará deserta, inabitada, sem ter quase gente. O sol escurecerá, a lua não dará mais a sua claridade e as estrelas negarão as suas influências".

Novamente o livro de Campina, na p. 226:

"A doutrina do Anticristo é o espiritismo. Três partes do povo abraçarão o espiritismo por causa dos milagres que eles fazem. Ele fará baixar fogo do céu nas vistas dos homens para enganar, com magnetismo. Aqui eu faço ponto final".

"Olhe o meu aviso! Ninguém se engane, que o tempo é chegado. Cuidem todos em servir a Deus. Porém, meus amiguinhos, muitos não acreditarão neste meu aviso, quando brevemente se arrependerão. Brevemente mandarei circular o meu segundo aviso com relação à vinda de Elias e Enoque que sairão combatidos pelos ministros de Satanás, que estes sairão do mundo em março de 1981, depois que o Céu fizer sinal. Deus vos guarde – Padre Cícero Romão Batista".

Em um outro folheto de cordel se lê sobre o aumento da violência, o sofrimento e a escuridão:

"Mata quem nunca matou

sofre quem nunca sofreu

chora quem nunca chorou."


"Nos últimos dias verão

O oceano gemendo

O mundo pegando fogo

As pedras se derretendo

A luz do sol se apagando

O gado no campo urrando

E o céu se escurecendo."

O folheto de cordel *O sonho do Padre Cícero Romão Batista* contém os seguintes versos geoproféticos anunciando inundações:
"Há de vir um certo tempo
de todo o mundo chorar
então as águas oceânicas
se agitam na beira-mar
e essa invasão tremenda
pelo Ceará vai passar.

As costas do Araripe
a inundação banhando
a heresia morrendo
a cristandade chorando
o rico levando fim
o orgulho se acabando.

Se ouvirá uma voz
que assombrará a nação
romeiro tome cuidado
se vala da oração
o sangue de Jesus Cristo
tem que ter aprovação.

Os 4 cantos do mundo
obedecem esta cidade
vem uma das 3 pessoas
da Santíssima Trindade

tem que obrigar aos homens

todos falarão a verdade (conversão)".

Daniel Walker em sua obra *Sabedoria do Padre Cícero*[39] publicou a seguinte profecia de Padre Cícero:

"Haverá de chegar o tempo de que, de quatro pés só ficam na terra cadeira ou banco ou então algum móvel. Os bichos morrerão tudo no tempo da seca do sol escuro. Nesse tempo, será muita sala e pouca fala, muitos chapéus e poucas cabeças, poucos moços e alguns velhos, muita peste e pouco rastro".

---

[39] Walker, Daniel. *Sabedoria do Padre Cícero*. Juazeiro do Norte: Os Juazeiros, 2004

# FREI DAMIÃO DE BOZZANO (1898-1997)

Pio Giannotti foi um frei italiano nascido em Bozzanno, cujo nome adotado no Brasil foi Damião. Frei Damião chegou no Brasil no início da década de 1930. Em 2004 foi inaugurado o Memorial Frei Damião na Paraíba, onde há uma estátua dele, que é atualmente a estátua mais alta do Brasil de uma pessoa que viveu no Brasil e supera a de Padre Cícero, que é a segunda mais alta. Ao Frei Damião foram atribuídas algumas profecias e, algumas vezes, as profecias atribuídas a ele são também atribuídas ao Padre Cícero. Na literatura de cordel, há algumas profecias anunciando eventos como guerras mundiais que não se realizaram para o fim do século XX, como a seguinte, publicada em *Verdadeira Profecia de Frei Damião*, por José Pedro Pontual, editor Édson Pinto da Silva:

> "De 75 em diante
>
> O mundo dará um tombo
>
> A carestia é tão grande
>
> Que ninguém aguenta o rombo
>
> Satanás fica pulando
>
> Batendo em cima de um bombo".

Frei Damião ficou também conhecido pela profecia da "besta-fera" também profetizada por Padre Cícero. Ela apareceu em alguns folhetos de cordel, como *A Vinda da Besta-Fera* ou *O Verdadeiro Aviso de Frei Damião*.

## PADRE JÚLIO MARIA (início do século XX)

O Padre Júlio Maria, francês que viveu no Brasil, nascido Jules Marie, posteriormente nomeado Bispo, publicou o livro *O Fim do Mundo está Próximo?*, *Prophecias Antigas e Recentes* no Rio de Janeiro pela Livraria Boa Imprensa em 1936, em uma segunda edição ampliada em 1939, e uma terceira em 1940, atualmente raros, sobre profecias. É possivelmente o primeiro livro sobre profecias não bíblicas impresso no Brasil.

A partir da segunda edição, o Padre Jules Marie cita a história de uma aparição pouco conhecida de Maria, "Nossa Senhora das Graças", em 1936, no norte do Brasil, em local não determinado, mas bem documentada. As profecias foram traduzidas de uma publicação alemã chamada *Kennesreuthes Jahrbuch* de 1936, e anunciavam três épocas de sangue pelas quais o Brasil haveria de passar e Maria, aparecida para duas meninas simples sem cultura chamadas Maria, respondia às perguntas feitas em alemão por um sacerdote e tinha sangue jorrando de sua mão. O sangue, segundo a própria aparição de Maria, representaria o "sangue que inundará o Brasil". A profecia dizia que virão "tempos calamitosos para o Brasil" e que se aproximam "três grandes castigos". Em perguntas, a menina respondeu que a catástrofe afetaria o litoral, mas não o interior do país.

# Seção 2

# Profecias brasileiras espíritas

Nesta seção encontram-se as profecias espíritas, com destaque para as profecias do Irmão X e de Ramatís. Exceto pela profecia sobre Santos Dumont, os textos proféticos espíritas aqui incluídos foram psicografados entre as décadas de 1940 e de 1970. Sufocado pelo cristianismo ao longo da história (filosofia espírita na Grécia antiga, necromancia, índios brasileiros, crenças africanas e século XIX, quando renascia), o espiritismo se estabeleceu no Brasil na segunda metade do século XIX e, por isso, profecias brasileiras espíritas mais antigas são desconhecidas.[40] Algumas mensagens proféticas espíritas, influenciadas por crenças milenaristas, anunciaram que as grandes catástrofes ocorreriam até o ano 2000, outras que essas catástrofes, guerra e catástrofe natural, ocorrerão no início do terceiro milênio e há as sem época associada. Algumas associavam a catástrofe natural à aproximação de um grande astro celeste, que seria visto no céu a olho nu, talvez, no início da terceira guerra. A razão para a catástrofe natural costuma ser o deslocamento dos polos causado pelo astro.

- Profecia sobre Santos Dumont
- Os Exilados da Capela
- Ramatís
- Irmão X
- Diamantino Coelho Fernandes
- Chico Xavier

---

[40] O livro de Jamam (Jamam. *O fim dos tempos*. São Paulo: Madras, 1996) reúne um número considerável de profecias espíritas.

## PROFECIA SOBRE SANTOS DUMONT

Apesar desta profecia sobre Santos Dumont não ter sido feita no Brasil nem ter sido feita por um brasileiro, a incluí por se relacionar ao Brasil e ter sido impressa no Brasil antes do acontecimento.

Em 1876 houve uma mensagem espírita, supostamente de Montgolfier, sobre a invenção do avião por um brasileiro, quando Santos Dumont tinha 3 anos de idade. A mensagem foi publicada no jornal espírita publicado pela Federação Espírita Brasileira (FEB), chamado O Reformador, fundado em janeiro de 1883. Em agosto de 1883, a edição preconizava que "a locomotiva, este gigante que avassala os desertos e vence as distâncias, será insignificante invento diante do pássaro colossal que, como o condor dos Andes, percorrerá o espaço, conduzindo, com suas soberbas asas, os homens de vários continentes (...) Os balões (...) nada serão perante o belo e portentoso pássaro mecânico (...) Brasil, tu que fostes berço desta grande descoberta, serás em breve o país escolhido para demonstrar a força dessa grandiosa máquina aérea".

## OS EXILADOS DA CAPELA (1949)

O livro *Os Exilados da Capela*[41] foi publicado pela primeira vez em 1949 (mas o copyright da obra data de 1951), escrito por Edgard Armond (1894-1982), secretário-geral da Federação Espírita do Estado de São Paulo.

"Estamos, agora, em pleno regime dum período destes. O expurgo que se aproxima será feito em grande parte com auxílio de um astro 3.200 vezes maior que a Terra, que para aqui se movimenta, rapidamente, há alguns séculos, e sua influência já começou a se exercer sobre a Terra de forma decisiva, quando o calendário marcou o início do segundo período deste século.

Essa influência irá aumentando progressivamente até esta época, que será para todos os efeitos o momento crucial desta dolorosa transição.

Como sua órbita é oblíqua em relação ao eixo da Terra, quando se aproximar mais, pela força magnética de sua capacidade de atração de massas, promoverá a verticalização do eixo com todas as terríveis consequências que este fenômeno produzirá.

Por outro lado, quando se aproximar, também sugará da aura terrestre todas as almas que afinem com ele no mesmo teor vibratório de baixa tensão; ninguém resistirá à força tremenda de sua vitalidade magnética; da Crosta, do Umbral e das Trevas nenhum espírito se salvará dessa tremenda atração e será arrastado para o bojo incomensurável do passageiro descomunal.

Com a verticalização do eixo da Terra, profundas mudanças ocorrerão: maremotos, terremotos, afundamento de terras, elevação de outras, erupções vulcânicas, degelos e inundações de vastos territórios planetários, profundas alterações atmosféricas e climáticas, fogo e cinzas, terror e morte por toda a parte.

Mas, passados os tormentosos dias, os polos se tornarão novamente habitáveis e a Terra se renovará em todos os sentidos, reflorescendo a vida humana em condições mais perfeitas e mais felizes.

---

[41] Armond, Edgard. *Os Exilados da Capela*. São Paulo: Aliança, 1995

A humanidade que virá habitá-la será formada de espíritos mais evoluídos, já filiados às hostes do Cristo, amanhadores de sua seara de amor e de luz, evangelizados, que já desenvolveram em apreciável grau as formosas virtudes da alma que são atributos de Discípulos.

(...) A partir de agora, diz a mensagem, a população do orbe tenderá a diminuir com os cataclismos da Natureza e com as destruições inconcebíveis provocadas pelos próprios homens. No momento final do expurgo somente uma terça parte da humanidade se encontrará ainda encarnada; bilhões de almas aflitas e trementes sofrerão nos Espaços a atração mortífera do terrível agente cósmico.

(...)Segundo revelações novas, provindas do mesmo Plano, o começo crítico desses acontecimentos se dará em 1984; mas como são revelações que vêm através da mediunidade, muita gente, inclusive espíritas, não lhes dão muita atenção.

(...) No fim deste século, o clima em todo o mundo estará mais quente, o nível dos oceanos estará mais elevado e os ventos mudarão de direção.

(...) Dizem eles que com o aumento da temperatura[42] da atmosfera terrestre, no fim do século, as calotas polares terão retrocedido (diminuído) consideravelmente e haverá modificações na distribuição das chuvas.

Estes prenúncios científicos destacam justamente os pontos mais marcantes das previsões espirituais que têm sido reveladas aos homens encarnados pelo Plano Espiritual, através de médiuns de confiança, que asseguram a necessária autenticidade das comunicações.

Assim, pois, estamos no princípio das dores e um pouco mais os sinais dos grandes tormentos estarão visíveis no céu e na Terra (...)

Ninguém poderá interceder pelo próximo; haverá um tão grande desalento que somente a morte será o desejo dos corações; até o Sol se esconderá, porque a atmosfera se cobrirá de sombras; e nenhuma prece mais será ouvida e nenhum lamento mais comoverá as Potestades ou desviará o curso dos acontecimentos.

(...) Os que já estão vindo agora, formando uma geração de crianças tão diferentes de tudo quanto tínhamos visto até o presente,

---

[42] Profecia sobre o aquecimento global

são espíritos que vão tomar parte nos últimos acontecimentos deste período de transição planetária, que antecederá a renovação em perspectiva; porém, os que vierem em seguida, serão já os da humanidade renovada, os futuros homens da intuição, formadores de nova raça - a sexta - que habitará o mundo do Terceiro Milênio."

RAMATÍS (1948-1949)

Alguns espíritas dão grande valor às profecias de Ramatís, psicografadas inicialmente em 1948-1949 pelo médium Hercílio Maes, e publicadas posteriormente no livro *Mensagens do Astral*[43]:

"O planeta vai sofrer uma poderosa ação de outro planeta cuja aura radiativa devido à sua poderosa estrutura mineral ultrapassa 3.200 vezes o potencial da aura da Terra, em consequência verticalizará o eixo da Terra, modificando toda a sua estrutura. As estações climáticas, sofrerão, em consequência, radical transformação para melhor, pois os altos e baixos da temperatura terão desaparecido, bem como as estações invernosas e caloríficas que tantos males têm causado à humanidade, ficando apenas as estações outono e primavera. As noites terão se transformado em verdadeiros dias com o crescimento da lua, que então será 11 vezes maior. A fase mais cruciante da ação verticalizadora do Eixo da Terra está sendo prevista entre os anos de 1982 e 1992 e seus efeitos catastróficos se farão se sentir até o fim do século. (...) Os efeitos mais catastróficos se farão sentir até o ano de 1999, pois o advento do terceiro milênio será sob os escombros que, em todas as latitudes geográficas, revelarão o maior ou menor efeito dos eventos dos 'fim dos tempos"

Profecias sobre a verticalização do eixo terrestre e sobre o salvamento de parte da população do planeta por ETs:

"Na Atlântida, este fenômeno foi sentido bruscamente, em vinte e quatro horas a inversão do eixo da Terra causou catástrofes indescritíveis. Atualmente, a elevação se processa lentamente. Na atual elevação, os Mentores Siderais reservaram várias zonas terrestres que deverão servir como refúgio a núcleos civilizados onde se formem os futuros celeiros do mundo abalado e trabalhem os missionários escolhidos para propagar o avançado espiritualismo do Terceiro Milênio (...) A humanidade terrena do terceiro milênio deverá ser constituída dos

---

[43] Maes, Hercílio. *Mensagens do Astral*. Rio de Janeiro: Freitas Bastos, 1989 (a primeira edição é de 1956)

55

espíritos que foram selecionados no 'Juízo Final', até o fim deste século (...) Em face da Terra verticalizar-se na próxima elevação do seu eixo, ocorrerá melhor ajuste entre as suas estações, resultando disso estabilidade de clima, predominando as fases da primavera e outono (...) Majestosas civilizações se desenvolverão nos atuais polos".

Ramatís acreditava que este planeta passa a cada 6.666 anos próximo da Terra e daí o número da besta 666.

"É astro intruso, porque não faz parte de nosso sistema solar, e realmente se intromete no movimento da Terra, com sua influência, ao completar o ciclo de 6.666 anos. Em virtude de seu magnetismo primitivo, denso e agressivo, ele se assemelha a um poderoso ímã planetário, absorvendo da atmosfera de nosso globo as energias deletérias, por cujo motivo é figurado também como um planeta higienizador".

Em outro trecho Ramatís afirma que Jesus não andou sobre as águas, mas que cortou caminho por um trecho chamado "caminho das águas" ao ir para uma cidade. Na obra *A Vida no Planeta Marte e os Discos Voadores*, psicografada pelo mesmo Hercílio Maes de Ramatís, de 1955, o autor afirma que há vida avançada em Marte. O livro possui mais de 400 páginas e descreve em detalhes a vida no planeta vermelho, ainda não comprovado neste ano 2000:

"Três quartos do movimento se faz pelo ar, mediante aeronaves de absoluta segurança, cuja capacidade permite conduzir muitas toneladas de mercadorias e centenas de passageiros. O tráfego sobre o solo e o trânsito de pedestres, no circuito das cidades constitui somente a quarta parte do movimento global (...) os veículos que circulam sobre o solo são amplos, construídos de matéria semelhante ao tipo plástico do vosso mundo, mas muito mais resistente. Suas cores são claras..."

Sobre discos voadores vistos em nosso planeta:

"Os marcianos estão operando no orbe terrestre há muito tempo, formando um conjunto de observadores com finalidades pacíficas, ainda que prudentemente em defensiva. Estes eventos prosseguirão até a hora profética do encontro determinado pelo Pai, que é a união ou contato entre os orbes ainda materiais e os seres de almas mais evoluídas."

As profecias espíritas brasileiras de Hercílio Maes, que errou algumas vezes, afirmam que tudo passará devido à passagem de um planeta nas proximidades do campo gravitacional da Terra.

"O eixo do planeta inclinará 90 graus por causa da força gravitacional de um enorme novo planeta que entrará no nosso sistema solar em breve. Continentes inteiros como Europa serão destruídos e desaparecerão para sempre (está incorreto!) sob os novos oceanos que serão formados. Os polos norte e sul serão totalmente descongelados e o homem encontrará ricos imagináveis para ajudá-lo a formar a nova humanidade no terceiro milênio."

Veja a seguinte profecia de Ramatís sobre o aquecimento global:

"Os cientistas acreditarão em muitas teorias para explicar as mudanças climáticas, como aquecimento global, mas não aceitarão a ideia de um lento deslocamento do eixo polar, que ocorrerá antes da grande catástrofe".

IRMÃO X (1956)

Na obra psicografada pelo espírita Aiçor Fayad, chamada *O Terceiro Milênio*[44], o Irmão X nos dá interessantes profecias sobre o futuro. Apesar da aparente riqueza de detalhes, o Irmão X não acertou totalmente, errando datas, ao afirmar que tudo isto começará e terminará ainda no século XX. O livro foi escrito em 1956, mas as edições não possuem ano de impressão.

"Aproximam-se os dias da grande hecatombe - bombas arrasadoras destruirão cidades, vilas, povoações. Um inferno de fogo crestará o solo, o sangue tingirá de rubro as águas, gases mortíferos empestearão a atmosfera, micróbios serão conduzidos pelas correntes aéreas. Povos inteiros serão dizimados, nações civilizadas desaparecerão. Depois, os elementos desencadeados pelas convulsões físicas completarão o drama dos mortais".

"A terra é um caos. Qual um fantasma de dor, a sua superfície se acha crestada pelo fogo das bombas atômicas, as suas cidades arrasadas, suas populações dizimadas. (...) O século XX, porém passou, deixando, atrás de si, uma esteira de sangue e luto. (...) Sente-se em toda a parte a fúria dos elementos destruidores atestarem a intensidade da luta travada à superfície do solo. Homens famintos perambulam à cata de alimentos (...) A fome irá coroar o terrível flagelo. A nudez veste os corpos e as criaturas assemelham-se a animais bravios dispersos em campos arrasados, fustigados pelo látego da dor. (...) Nos mares desérticos dos continentes africano, europeu e asiático, divisam-se as silhuetas de embarcações americanas. São navios carregados de víveres que vão a essas plagas levar suprimentos às populações famintas, num gesto comovedor de solidariedade humana. ...Capitaneadas pelo Brasil, essas embarcações despejam nas costas desses continentes devastados, mantimentos, roupas e agasalhos. E, assim, aos poucos, vão sendo minorados os sofrimentos daqueles que, por milagre providencial, escaparam à hecatombe. (...) Cumpre, todavia, ressaltar que a doutrina

---

[44] Fayad, Açor. *O Terceiro Milênio*. São Paulo: Nova Era, 1956 (supostamente, porque não há ano de impressão)

de Marx, eivada de princípios errôneos, trouxe um tremendo desassossego aos povos, originando-se daí, o conflito de proporções gigantescas que teve por palco a Europa, Ásia, África e parte das Américas. O desencadear da tormenta, iniciado na Itália, entre católicos e comunistas, alastrou-se rapidamente pelos Bálcãs e em breve envolveu o mundo todo. (...) De um lado, os que defendiam a religião. Do outro, os chamados ateus.

A Europa é um vasto cemitério. A Ásia e a África, desertos. Parte das Américas está horrivelmente mutilada. Só o Brasil e as repúblicas sul-americanas, suas irmãs, ficaram incólumes. (...) As ruínas são extensas. Nações inteiras desaparecerão na voragem dos tétricos acontecimentos. A França, a Itália, a Alemanha e Inglaterra serão espectros fumegantes que desaparecerão sob a avalanche das águas. Nenhum estado europeu escapará à hecatombe. Na Ásia, as ilhas que constituem o Império Nipônico, a Austrália e muitas outras ficam submersas. O continente africano terá um outro aspecto. As Américas por sua vez sofrerão profundas transformações. As ilhas Atlânticas da América Central também se vão ocultar sob as águas. O Brasil pouco sofrerá. Por um destino supremo o seu território foi preservado. A China será um montão de ruínas. América, os teus estadistas lutaram por um Mundo melhor. Nas duas Grandes Guerras que precederam à hecatombe, foste o baluarte do mundo livre. Sonhaste construir um mundo melhor, dentro dos princípios de liberdade humana. Por tua inspiração nasceu uma grande organização cujo objetivo era defender o direito das gentes. Contudo o teu sonho se transformará num fracasso e atestará a brutalidade da tragédia que te envolveu. Uma avalanche de cataclismos desabará sobre o orbe, numa torrente assustadora de malefícios".

"Profundas transformações se deram à face do planeta. A par da destruição provocada pela cegueira do homem, convulsões físicas mudaram o aspecto do orbe. Os pólos puseram a nu a fertilidade de um solo inexplorado, as águas se deslocaram para dentro de alguns continentes, a configuração do globo é diferente."

"Continentes são submergidos e outros aparecem para proporcionar condições de habitabilidade mais perfeita."

"Aos bombardeios atômicos, desumanos e impiedosos, sucederam-se as convulsões geológicas. Os elementos, na sua fúria destruidora, arrastaram para as profundezas dos oceanos partes enormes de continentes arrasados. Os gelos polares, por efeito da verticalização do eixo da Terra, se deslocaram abruptamente, inundando várias regiões. As águas cobriram extensões imensas de terras e a parte habitável dos continentes foi reduzida a um terço. Os mares estenderam os seus domínios e terras recuaram nas suas proporções. Foi um verdadeiro dilúvio universal. (...) No Apocalipse de João, fala-nos o vidente de um novo céu e uma nova Terra. Assistimos, estarrecidos, o cumprimento das profecias, e só agora compreendemos o sentido figurado em que elas foram descritas."

"Mutações extraordinárias se darão dentro de alguns anos. Incríveis acontecimentos encherão de pavor a alma dos mortais. Uma guerra inconcebível varrerá da face da Terra a terça parte dos seres viventes. Homens e animais desaparecerão na voragem da carnificina. Ilhas e continentes submergirão sob a avalanche das águas".

"A época atual é assinalada por um estranho ceticismo. Por mais advertências que se façam aos homens, estes se mostram indiferentes à voz que lhes sopra aos ouvidos. Quanto mais luz se projeta aos seus olhos, mais cegos se mostram. Contudo, dentro em pouco, a terrível realidade abrir-lhes-á os olhos e os ouvidos."

"Procura-se, febrilmente, uma solução para os problemas do mundo. O Brasil lidera nessa oportunidade, um agigantado movimento em favor das vítimas da guerra. Socorros são enviados a todos os pontos do globo... E, aos poucos, o potencial da imensa Pátria Brasileira vai suprindo as necessidades dos povos famintos. Vemos, assim, o papel predominante do continente sul-americano nos acontecimentos vindouros. Por destino providencial, ficará imune aos efeitos do terrível flagelo e liderará - por gloriosa destinação - o maior movimento pacifista da história."

"A Argentina, no final do século, é uma nação com invejável grau de adiantamento. Seu governo, com homens de coração na chefia, secunda os esforços do Brasil na solução dos problemas aflitivos do mundo. As outras nações sulamericanas são florescentes e promissoras".

"O Brasil, aliado à Argentina, secundado pelo Chile e as outras nações sulamericanas, terá sobre si a responsabilidade de solucionar os problemas aflitivos do mundo".

"Divisa-se à distância, o vulto de alguém que percorre uma estrada. É Sua Santidade, o Papa. Traz, na mão, o cajado de pastor. Abdicou de todas as prerrogativas humanas para ser, apenas, o condutor de almas. Uma veste surrada cobre-lhe o corpo. Traz, nos pés, uma sandália humilde. Vai em busca das ovelhas do Senhor. Em cada cidade, vila ou aldeia, prega o Evangelho, em espírito e verdade. Sua voz tem ressonâncias maravilhosas, pois é inspirado pelo Divino Espírito Santo. Quão diferente é este santo varão dos seus antecessores! Não mais púrpura, nem pálio, nem mitra. Usa, apenas, um anel incrustado de preciosas gemas que o faz reconhecido do rebanho".

"A guerra devastadora que varreu da superfície da Terra a vida de milhões de seres, deixou-o estarrecido e ansioso de paz (...) Um agigantado movimento se inicia nas esferas sociais. Mulheres e homens, de todas as camadas, se mobilizam num esforço hercúleom, parar procrastinar o demônio devorador de vidas. Mensagens são enviadas a todos os povos para que participem do movimento. Representações são dirigidas aos governos do mundo (...) Sucedem-se os anos na ampulheta do tempo. Aos poucos, a vida tenda à normalidade."

"O Brasil, pela bondade de seu povo, pela vastidão do seu território, por seu desenvolvimento agrícola e industrial é, no momento desta narrativa (?), a maior potência do mundo. Seu território está apto a receber inúmeras levas de emigrados, os quais, em contato com sua natureza prodigiosa, se recuperarão do traumatismo provocado pela guerra, e integrarão o seu patrimônio humano. Da miscigenação dessa gente com o povo brasileiro surgirá uma nova raça, mais vigorosa e capaz para a realidade do terceiro milênio (...) O século XX termina com a vitória do Brasil. (o que não é verdade) A pacificação dos povos foi realizada por este extraordinário país que, através da palavra autorizada dos seus estadistas, convenceu-se da estupidez da guerra como meio de solução dos problemas que os interessam. Resta, tão somente, orientá-los para outros objetivos, e a Pátria do Evangelho, missionária das realizações futuras, sob a inspiração de Cristo, prepara-se para o cumprimento de sua gloriosa missão".

"Estamos em fins do século XX. A Terra acaba de sentir os efeitos das lutas ideológicas e sua superfície apresenta o aspecto de uma cratera imensa, onde os fantasmas de dor perambulam, à cata de um abrigo para se esconder das interpéries. Grandes e inenarráveis acontecimentos se deram na superfície. (...) Em toda a parte a destruição se fez presente. Por todos os lados, as ruínas atestam a violência dos embates. Lutas gigantescas, batalhas polvorosas, ribombar de artilharias, estrugir de

61

bombas. E, no meio de tanta desolação, o homem, curvado e impotente, recolhe o fruto de sua ambição e de seu egoísmo (...) Tudo foi reduzido a cinzas".

O Irmão X também profetiza sobre contatos avançados com seres de outros planetas, principalmente de Marte, bem como e outros avanços como uso da energia eletromagnética substituindo a eletrônica para movimentar discos ou naves.

"A humanidade do terceiro milênio é muito diferente, no seu aspecto biológico, da que a precedeu (...) Todos são livres para manifestar seus pensamentos e as decisões são buscadas através de consultas ao povo. (...) O preconceito há muito foi banido das castas sociais. As castas desapareceram na voragem do progresso. O homem deixou de ser escravo de outro homem. O dinheiro desapareceu de circulação. (...) A eletrônica cedeu lugar ao magnetismo. Máquinas ultra-rápidas rasgam os céus do orbe e proporcionam às criaturas motivos de alegria, estudo e recreação. Há intercâmbios planetários (...) Noite. Das profundezas do espaço ouve-se o som de uma música divina. Música suave que inebria e encanta. É toda uma corte de seres alados movimentando-se ligeiramente no espaço sideral. Aos poucos o grupo alado se aproxima do planeta. Vêm de marte. Trazem uma mensagem de felicitações aos seus irmãos da outra esfera. (...) O Governo Marciano, ciente do ousado projeto dos terrícolas em devassar o infinito, adverte-os da temeridade do seu projeto. 'É prematuro', diz o comunicado, concisamente. 'Ninguém pode ultrapassar os limites estabelecidos pela Onisciência Divina (...) ".

Profecia sobre uma guerra mundial e geoprofecia sobre a inundação global:

"Povos inteiros desapareceram sob a impetuosidade dos elementos desencadeados após a carnificina horrenda, que destruiu as seculares realizações humanas. França, Inglaterra, Itália, ilhas mediterrâneas, desapareceram sob a avalancha das águas. Na Ásia distante, as ilhas que constituíram o império nipônico, a Austrália e muitas outras ilhas, ficaram submersas. O continente africano tem outro aspecto. As Américas sofreram profundas transformações. As ilhas atlânticas da América Central também se ocultaram sob o vasto lençol das águas. O Brasil pouco sofreu. Por um destino providencial, seu território foi preservado".

## DIAMANTINO COELHO FERNANDES (anos 1960)

Em um livro de Diamantino Coelho Fernandes, *Corolarium*, supostamente ditado pelo Espírito de Maria de Nazareth[45], em 1968, se encontra:

"Vejamos o que se prenuncia nesta obra em relação à América do Sul. Ela aqui está assinalada em parte pela coloração azulada, o que quer dizer que deverão ocorrer submersões também nesta região. (...) Bom seria, por conseguinte, que as populações residentes nas cidades marítimas fossem delas se afastando para o interior, se estabelecendo nos lugares mais elevados. O fenômeno do crescimento do nível dos mares é de todo inevitável, como é fácil de deduzir após o degelo de centenas de milhares de toneladas de gelo acumulado nos dois pólos terrestres. Sem pretender referir números exatos, eu direi que o nível dos mares terrenos poderá crescer em doze a vinte graus[46] sobre os números atuais.

Eu recomendaria, inclusive, aos industriais a iniciativa do desdobramento de suas indústrias atuais, procurando localizar alguns setores de suas fábricas no interior... a fim de se prevenirem contra qualquer eventualidade. Se tal fenômeno, a inundação da cidade, não acontecer ou acontecer em grau mínimo, nada evidentemente se perderá.

Devo confessar aqui de todo coração, que muito temo pelo que possa suceder a esta bela cidade[47] na qual estou ditando este livro (...)"

Em outro livro psicografado por Diamantino Coelho Fernandes, *Vida Nova*[48], originalmente publicado em 1967, composto de mensagens de diversos espíritos, se encontra:

---

[45] Fernandes, Diamantino Coelho. *Corolarium*. Rio de Janeiro: Freitas Bastos, 1968

[46] Supondo que se refira a um grau de temperatura, para cada grau, o nível do mar subiria aproximadamente 2,3 metros, então 20 graus representariam 46 metros.

[47] Rio de Janeiro

[48] Fernandes, Diamantino Coelho. *Vida Nova*. Rio de Janeiro: Freitas Bastos, 1967

"Os mares deixarão de ser mares, as montanhas deixarão de ser montanhas e as planícies estarão cobertas pelas águas em mares se transformando. Isto seria nada menos que vos anunciar um novo Dilúvio".

"A evolução do mundo terreno se aproxima, irmãos (...) Bem avisados serão, pois, os que não esperarem pela deflagração dos acontecimentos para tomarem a sua decisão. Tomem-na desde já os que o não fizeram antes. Ponham seu joelho na terra, elevem seu pensamento a Jesus, Nosso Grande Salvador e abram-lhe seu coração".

"Bem avisados serão, pois, os que não esperarem pela deflagração dos acontecimentos para tomarem a sua decisão. Tomem-na desde já os que o não fizeram antes".

## CHICO XAVIER (1910-2002)

Anos depois de sua morte, foi publicada uma profecia atribuída a Chico Xavier afirmando que a "data limite" do mundo seria 2019 e que haveria uma grande mudança depois dessa data. Chico Xavier teria dito isso em uma conversa informal com Geraldo Lemos que ocorreu em 1986 em Uberaba, em uma madrugada, mas não houve registro escrito ou gravado da conversa na época. O ano limite 2019 foi publicado pela primeira vez em maio de 2011, no jornal *A Folha Espírita*. Geraldo Lemos, em uma entrevista, conta ter ouvido a previsão em 1986, nos seguintes termos:

"Nosso Senhor deliberou conceder uma moratória de 50 anos à sociedade terrena, a iniciar-se em 20 de julho de 1969 (data em que o homem pisou na Lua), e, portanto, a findar-se em julho de 2019. Ordenou Jesus, então, que seus emissários celestes se empenhassem mais diretamente na manutenção da paz entre os povos e as nações terrestres, com a finalidade de colaborar para que nós ingressássemos mais rapidamente na comunidade planetária do Sistema Solar, como um mundo mais regenerado, ao final desse período".

Acompanhando as palavras de Geraldo Lemos na entrevista concedida no filme documentário sobre essa profecia de Chico Xavier e o ano limite, como nenhuma guerra mundial ocorreu até 2019, teríamos, portanto, entrado em um momento muito especial de paz para a humanidade.

O livro *Plantão de Respostas: Pinga-Fogo II*, publicado na década de 1990[49], com material de 1971, psicografado por Chico Xavier, afirma que por volta de 2057, o mundo estará regenerado, após passar pelo fim dos tempos e por uma transformação:

"Emmanuel afirma que a Terra será um mundo regenerado por volta de 2057. Cabe, a cada um, longa e árdua tarefa de ascensão".

E diz ainda que:

---

[49] Xavier, Francisco Cândido. *Plantão de Respostas. Pinga-Fogo II*. Uberaba: 1994

"Através da busca da espiritualização, superação das dores e construção de uma nova sociedade, a humanidade caminha para a regeneração das consciências"

Chico Xavier não ter previu nada por escrito para os anos 2020, apesar de, com base em Lemos, indicou o ano 2019 como ano-chave ou ano limite e deixou escrito que o ano 2057 seria um momento de "mundo regenerado".

# Seção 3

# Profecias brasileiras indígenas

Nesta seção encontram-se algumas profecias de origem indígena que foram transmitidas por tradição oral ao longo dos anos e coletadas e impressas, exceto no caso de André Thevet, nos séculos XIX e XX no Brasil.

- Caraíbas, tupinambás
- Mbyas-guaranis e tupis-guaranis
- Apapocuvas e tambés
- Yanomami
- Ticuna
- Ex-aldeia de Santa Rosa
- Xingu
- Ipurinás
- Cariris
- Iecuanas

# ÍNDIOS CARAÍBAS, XAMÃS DOS TUPINAMBÁS

As fontes quinhentistas e seiscentistas, como as do Padre jesuíta Manuel da Nóbrega, fazem referência aos caraíbas como profetas, feiticeiros ou santidades, que eram os xamãs dos tupinambás. Como os índios se comunicavam com os mortos através de médiuns, o franciscano André Thevet, no século XVI, concluiu que praticavam necromancia e invocavam o diabo. Ele escreveu:

"eu não discutirei se o diabo sabe e conhece as coisas futuras... mas uma coisa eu direi, muito tempo antes de nossa chegada, o espírito tinha predito a eles sobre a nossa vinda", escrito em *Cosmographie Universelle[50]*, publicado em 1575. Portanto, a profecia brasileira mais antiga registrada é espírita e é anterior ao "descobrimento", tendo sido feita provavelmente nos anos 1400.

O pastor protestante Jean Léry (1578), que considerava os caraíbas demônios, afirmava que as mulheres (médiums) que incorporavam os espíritos trazidos pelos caraíbas estavam "possuídas pelo diabo". Thevet escreveu que na língua dos índios, caraíba significava profeta ou semideus. A descrição dos rituais dos caraíbas foi comparada com a dos Sabás. Thevet escreveu também que "se os pajés não dizem a verdade e se os fatos não correspondem ao presságio, os selvagens não têm dificuldade em dar-lhes a morte, por considerá-los indignos do título e dignidade de feiticeiro".

Alfred Métraux conta que "os missionários, que viveram nos séculos XVI e XVII, entre os tupinambás do litoral brasileiro, falam, reiteradamente, na influência exercida sobre esses aborígenes pelas profecias de certos xamãs e pelas perspectivas de uma era áurea, anunciada para muito próximo".[51] Entre esses missionários, destaca-se A. Thevet, que revelou a mitologia dos tupinambás ainda no século XVI.

E ainda: "os índios sul-americanos não foram alheios às crises

---

[50] Thevet, A. *Cosmographie Universelle*. Paris: Chez Pierre L'Huillier, 1575
[51] Metraux, Alfred. *A religião dos Tupinambás e suas relações com as demais tribos tupi-guaranis*. São Paulo: Companhia Editora Nacional, 1979.

messiânicas, sendo os primeiros a sofrê-las os tupinambás do trato costeiro do Brasil. As crises em questão caracterizavam-se ora por acessos de entusiasmo coletivo provocados pelas profecias dos grandes xamãs, que anunciavam a transformação radical da sorte dos tupinambás, ora por migrações em busca da 'terra onde não se morre'".

Os mbyas-guaranis acreditam que o mundo já foi destruído em um dilúvio passado e recriado. Enquanto que para alguns mbya-guaranis, essa é a segunda terra, para outros, "essa terra em que vivemos já é a quarta terra"[52]. Em relação a esses mundos passados, Curt Nimuendaju citou os "cataclismas originários". Para os mbyas-guaranis que acreditam que estamos na quarta terra, ela não será destruída, mas será limpa. "Esse mundo não acaba, só vai limpar". Essa limpeza ocorreria através da água e em um momento futuro sem sol.

De acordo com as profecias dos pajés que acreditam nas duas terras, o fim deste mundo se dará por uma catástrofe natural. São vários motivos que causarão o fim do mundo, mas o mais comum é o deslocamento de uma vara que escora a Terra, conforme relatado por Nimuendaju. Um outro motivo estaria associado a um eclipse solar e à escuridão, quando feras seriam liberadas para devorar as pessoas. [53]

Essa crença é semelhante à dos tupis-guaranis. Os tupis-guaranis contam que um espírito maléfico, que tem a forma de uma onça celeste de cor azulada, persegue os irmãos Sol e Lua. Na ocasião de eclipses solar e lunar, ficam com medo que a onça coma os irmãos sol e lua e fazem grande barulho, a fim de espantar a onça celeste, porque acreditam que será o fim do mundo quando ela devorar o sol, a lua e os outros astros e a Terra cair em escuridão total.[54]

---

[52] Pìerri, Daniel Calazans. Como acabará essa terra? Reflexões sobre a cataclismologia Guarani-Mbya, à luz da obra de Nimuendajú. In *Tellus*. N. 24, jan./jun. 2013. Campo Grande: UCDB, 2013

[53] Aguiar, Rodrigo L. Simas. Profecias apocalípticas na Cosmologia Mbya-Guarani. In *Mediações*. Londrina, v. 18, n. 1, p.244-256. Jan/jun 2013

[54] Afonso, Germano B. Saberes astronômicos dos Tupinambás do Maranhão. In: *64ª Reunião Anual da SBPC*. São Luís: SBPC, julho/2012.

## ÍNDIOS APAPOCUVA E TEMBÉS

Como escreveu Alfred Métraux, as analogias entre a mitologia desses dois grupos, apapocuvas e tembés, são surpreendentes e há fortes analogias entre as crenças desses povos e as crenças dos tupinambás. Métraux diz também que "os mitos dos tupinambás, dos guaranis (apapocuvas) e dos tembés formam entre si uma unidade".

Uma das mais importantes crenças dos guaranis-apapocuvas está relacionada à lua avermelhada. Métraux afirma que os índios acreditavam que iriam morrer quando vissem a lua avermelhada. A profecia da lua avermelhada está associada às profecias de três dias de escuridão, já que de acordo com algumas profecias de outros países, antes de desaparecer durante os três dias com o sol, a lua fica avermelhada. Métraux afirma que os descendentes dos guaranis, os apapocuvas, falam de um jaguar celeste, "que destruirá a humanidade, começando por atacar o sol e a lua" [55]. Além disso, como a profecia do sol escuro, indica que a escuridão não será total, mas haverá alguma forma a ponto de permitir ver algo do sol e talvez da lua. Veja o mito do dilúvio apapocuvas registrado por Nimuendaju.

Métraux afirma que "a ascensão ao Pai grande deveria ocorrer antes do fim do mundo. Ora, esse cataclismo tinha de ser precedido pelo desaparecimento do sol, tragado por um morcego", seguido pela morte dos homens causada pelo lendário tigre celeste. A cor avermelhada da lua era considerada um presságio do momento catastrófico final e, assim como o desaparecimento do sol, parecem ser profecias sobre os três dias de trevas, possivelmente, associadas a um evento passado que presenciaram.

---

[55] Metraux, Alfred. *A religião dos Tupinambás e suas relações com as demais tribos tupi-guaranis*. São Paulo: Companhia Editora Nacional, 1979.

No livro *A queda do céu: palavras de um xamã yanomami*[56], publicado originalmente em francês e em português pela Companhia das Letras em 2015, o yanomami Davi Kopenawa afirmou:

"A floresta está viva. Só vai morrer se os brancos insistirem em destruí-la. (...) Se conseguirem, (...) não serão capazes de espantar as fumaças de epidemia que nos devoram. (...) Então morreremos (...) Todos os xamãs vão acabar morrendo. Quando não houver mais nenhum deles vivo para sustentar o céu, ele vai desabar".

Fazemos "dançar os nossos espíritos xapiri. Sabemos que eles permanecem ao nosso lado na floresta e continuam mantendo o céu no lugar".

"Não devem pensar que estamos preocupados somente com nossas casas e nossa floresta ou com os garimpeiros e fazendeiros que querem destruí-las. Estamos apreensivos, para além de nossa própria vida, com a terra inteira, que corre o risco de entrar em caos. Os brancos não temem, como nós, ser esmagados pela queda do céu".

"Com estes espíritos, você protegerá os humanos e seus filhos (...) afaste deles as fumaças de epidemia *xawara*. (...) Impeça as águas dos rios de afundá-la e a chuva de inundá-la sem trégua. Afaste o tempo encoberto e a escuridão. Segure o céu, para que não desabe".

A queda do céu é uma outra forma de falar o desaparecimento temporário do sol, lua e estrelas. Davi conta que o céu já caiu antes, havia o "céu do primeiro tempo". Ele disse: "Todos tememos ser esmagados pela queda do céu, como nossos ancestrais no primeiro tempo". Na queda do céu passado, um outro céu desceu e se fixou no lugar desse. O céu caído virou a floresta, por essa razão os Yanomami chamam a floresta de *waro patarima mosi*, isto é, o velho céu.

Algumas profecias e alguns mitos de várias origens falam que

---

[56] Kopenawa, Davi. *A queda do céu: palavras de um xamã yanomami*. Rio de Janeiro: Companhia das Letras, 2015

durante esse tempo algumas estrelas entram em choque e há explosões no céu e as estrelas caem. Isso poderia ter alguma relação com descargas elétricas presentes em erupções de vulcões e possivelmente durante os dias desse evento, que parecem raios caindo em dias sem chuva.

"Se os seres da epidemia continuarem proliferando, os xamãs acabarão todos morrendo e ninguém mais poderá impedir a chegada do caos. *Maxitari*, o ser da terra, *Rueri*, o do tempo encoberto, e *Titiri*, o da noite, ficarão furiosos. Chorarão a morte dos xamãs e a floresta vai virar outra. O céu ficará coberto de nuvens escuras e não haverá mais dia. Choverá sem parar. Um vento de furacão vai começar a soprar sem jamais parar. Não vai haver mais silêncio na mata. A voz furiosa dos trovões ressoará nela sem trégua, enquanto os seres dos raios pousarão seus pés na terra a todo momento. Depois, o solo vai se rasgar aos poucos, e todas as árvores vão cair umas sobre as outras. Nas cidades, os edifícios e aviões também vão cair. (...) Vamos morrer antes mesmo de perceber. Ninguém vai ter tempo de gritar nem de chorar. Depois, os xapiri em fúria vão acabar atirando na terra também o sol, a lua e as estrelas. Então o céu vai ficar escuro para sempre. Os xapiri já estão nos anunciando tudo isso, embora os brancos achem que são mentiras".

# ÍNDIOS TICUNA (1941)

No início do século XX, em um movimento entre os índios ticunas, apareceu uma mulher profetiza entre os índios, na fronteira do Peru com o Brasil, e um grande grupo foi reunido, mas posteriormente disperso, quando assassinos "civilizados" da época assassinaram alguns e capturaram a profetiza.

Há ainda um evento que teria ocorrido entre 1938 e 1939, quando se espalhou a notícia entre os índios que habitavam nas margens do Igarapé São Jerônimo, que uma onça teria contado a uma criança ticuna que uma "água grande" iria inundar tudo. Os índios que habitavam perto do rio se mudaram para uma área superior, mas como a catástrofe anunciada não acontecia, meses depois os índios voltaram às suas habitações antigas.

Pouco depois, o jovem profeta índio Norane, que vivia nas margens do rio São Jerônimo, fundou nos fins de 1940 um movimento entre os índios ticuna, que vivem na selva e nos rios da Amazônia, por causa de visões que começou a ter ainda criança de um homem branco, o espírito criador dos seres humanos, *Diei* ou *Tanati* (nosso Pai). *Diei* ordenou ao jovem de reunir os índios, de desmatar um determinado local e construir uma casa ali para executar certas danças festivas. O espírito anunciava que quando as ordens tivessem sido executadas, uma grande inundação destruiria os brancos civilizados, poupando os ticunas reunidos no lugar escolhido por ele. Os ticunas assim fizeram, mas foram ameaçados de extermínio por líderes governamentais da época.

Em 1946, surgiu novo surto que previa uma inundação com água fervendo.[57]

---

[57] Queiroz, Maurício Vinhas de. Cargo Cult na Amazônia – observações sobre o milenarismo Tukuna. In: *Revista América Latina*. Rio de Janeiro, 1963, ano VI, n. 4, pp. 43-61.

# EX-ALDEIA DE SANTA ROSA

Esta crença foi coletada por Curt Nimuendaju e publicada em uma revista[58] em 1986. O informante de Nimuendaju era Apolinário, na época com mais de oitenta anos. Sabe-se que ele adquiriu algum conhecimento com os camuru-cariri, mas as suas lendas são consideradas tupi.

A aldeia de Santa Rosa, um pouco ao norte de Jequié, no estado da Bahia, foi fundada na década de 1860, com alguns índios descendentes dos tupiniquins da aldeia Trancoso, perto de Porto Seguro. Algum tempo depois, se reuniram a esses os remanescentes dos Kamuru-Kariri da aldeia de Pedra Branca, destruída por causa de sua resistência ao recrutamento para a guerra do Paraguai. Uma vez expulsos de Santa Rosa no início do século XX, os índios acabaram se estabelecendo em um afluente do Rio Pardo, mas o lugar, mais uma vez lhes foi tomado. Em 1938 alguns remanescentes se refugiaram nas terras do Posto Paraguaçu, no rio Cachoeira, onde Nimuendaju os conheceu no mesmo ano, provavelmente quando coletou a profecia abaixo.

"Não demorará muito mais e o mundo se acabará. Então a terra tremerá e soltará gemidos. Ela se incendeia e desmorona. O sol se obscurece e nas trevas vêm os animais ferozes que devoram os homens. Quando toda a terra estiver queimada, o mar se derramará sobre ela para esfriá-la. Então começará um outro mundo novo. A terra se cobrirá de flores e os anjos descerão".

---

[58] Mitos Indígenas Inéditos na obra de Curt Nimuendaju. *Revista do Patrimônio Histórico Artístico e Nacional*. Nº 21. Fundação Nacional Pró-Memória / SPHAN – Ministério da Cultura, 1986.

A profecia sobre a queda do céu, presente em várias culturas antigas, encontra-se também entre os Índios do Xingu. A queda do céu implica trevas, quando os astros celestes desaparecem:

"Sinaá, por fim, mostrou ao Juruna visitante uma enorme forquilha que sustentava o céu e disse: 'no dia em que nossa gente acabar de uma vez, vou tirar esta escora daqui e o céu vai desabar, e todas as gentes vão desaparecer. Vai acabar tudo'."[59]

O Parque Nacional do Xingu foi criado em 1961 graças aos esforços dos irmãos Villas-Boas. Por enquanto, vivem na área Xingu apenas cerca de 5000 índios de diversas etnias. Há atualmente várias ameaças ao meio ambiente no Xingu, algumas já construídas, como a enorme Usina de Belo Monte, a maior usina hidrelétrica inteiramente brasileira, que alagou quase 500 km2 e alterou a vazão do rio Xingu, uma construção que recebeu forte oposição de ambientalistas, acadêmicos e preservadores da natureza brasileiros e internacionais.

---

[59] Villas-Boas, Orlando e Cláudio. *Xingu: os índios, seus mitos*. São Paulo: Edibolso, 1975

Para alguns ipurinás, que vivem próximo ao rio Purus, na Amazônia, esse incêndio foi causado por um líquido quente (magma?), quando o céu estava escuro. Para outros ipurinás, o fim do mundo passado foi causado por uma inundação, que se repetirá.

Paralelamente aos ipurinás, os tobas viviam no sul do Brasil, mas vivem atualmente principalmente nos Pampas argentinos. R. Lehmann-Nitsche em *Mitología sudamericana* relata um mito citado por Bauldus[60] do incêndio global do qual só escaparam as pessoas que se esconderam em covas. De acordo com essa crença mitológica, isso será repetirá no futuro.

Uma outra tribo do Chaco, tumerehá, acreditava também nessa crença para o futuro, associada à queda do céu. Alguns desses povos do Chaco paraguaio, como os mocovis, acreditavam que o incêndio ocorreu porque o sol caiu na Terra, portanto a escuridão estava associada em alguns desses mitos.

---

[60] Baldus, Herbert. *Ensaios de Etnologia Brasileira*. São Paulo: Companhia Editora Nacional, 1937

A profecia da cama de baleia, atribuída a Frei Vidal durante ou depois de sua vida, tem na realidade origem indígena, dos índios Cariri, que acreditavam já no primeiro contato com missionários que no passado o sertão tinha sido parte do mar e que no futuro ele voltaria a ser. Irineu Pinheiro registrou em 1803 que o Frei Vidal trabalhou, nos sertões de Pernambuco, com tribos remanescentes da nação Cariri.

Dona Cezita, moradora de Ipu, no Ceará, repetia no século passado a profecia contando que o sertão nordestino já tinha sido cama de baleia e "no final das eras, no final dos tempos, aquilo ia virar a cama de uma baleia" de novo e "os índios gritavam que aqui ia ser cama de baleia no fim dos tempos".[61]

Rosemberg Cariry registra a crença contando que "um dia, todo o vale caiririense seria inundado e ninguém conseguiria sobreviver". E que os primeiros missionários que catequizaram os índios cariris, no século XVIII presenciaram "os temores fatídicos da lenda" e tentaram suavizá-la presenteando os índios com uma imagem de Maria. A explicação para a inundação profetizada pelos pajés cariris seria uma pedra que rolaria e permitira que um mar subterrâneo, a lagoa encantada, inundasse a superfície. Essa profecia também é conhecida como a lenda da "pedra das batateiras"[62]. Ainda no século XVIII, a profecia que o "Cariri vai virar mar" teria sido assimilada ou, como afirmam Ana Guimarães e Annette Dumoulin[63], atribuída possivelmente ao Frei Vidal por caboclos cariris.

A profecia do Cariri virando mar se desenvolveu e se transformou na profecia do "sertão vai virar mar (ou praia) e o mar virar sertão"

---

[61] Rios, Kênia Sousa. Sobre as águas e outra correntezas: memórias da seca no Ceará. In *Cadernos do CEOM*. Chapecó: Centro de Memória do Oeste de Santa Catarina. Ano 16, n. 17.

[62] Cairiry, Rosemberg. *Cariri – a nação das utopias*. Fortaleza: Mimeo, 2001

[63] Guimarães, Ana Teresa; Dumoulin, Annette. Romeiros/as e Romarias em Juazeiro do Norte – Protagonismo de uma liturgia popular. Uma visão antropológica. In *Revista de Cultura Teológica*. v. 17, n. 67, abr./jun., 2009.

atribuída a Padre Cícero e Antônio Conselheiro, transformada em livros de ficção e registrada no século XX em músicas. Por essa razão, ela é uma das profecias brasileiras mais divulgadas, mesmo em meios não religiosos.

Depois que a as águas inundassem o vale do Cariri, elas voltariam ao nível normal e a ser férteis. Enfim, de acordo com os pajés cariris, os cariris retornariam ao "paraíso".

No Brasil, vivem atualmente somente poucas centenas de índios iecuanas. Em um artigo acadêmico, a professora e pesquisadora Karenina V. Andrade[64] apresentou a profecia de watunna, do qual extraio uma parte e reproduzo abaixo:

"Ele (Wanaadi, o deus deles) enviará o sol para queimar a terra. Depois virá o dilúvio e a água cobrirá tudo. Quando a chuva cessar e a terra secar completamente, um novo ciclo será iniciado. Wanaadi chamará de volta os que morreram. No novo mundo não haverá cobras, doença, brigas, nada de ruim. Todos viverão bem.

Existem muitos sinais que indicam que o fim está cada vez mais próximo. Os antigos diziam: quando os brancos trouxerem escola, vocês perderão a vida de Ye'kuana. Catástrofes e guerras ocorrerão pelo mundo.

Quando este mundo acabar, lua e estrela morrerão também, cairão do céu aqui na terra. Durante muito tempo, nada irá acontecer, até quando Wanaadi retornar à Terra. Os velhos voltarão jovens, não haverá mais doenças, tudo será novamente como foi um dia."

O ciclo de vida atual que está em curso seria a terceira tentativa de Wanaadi de criar um mundo bom para viver, depois que as outras duas fracassaram.

---

[64] Andrade, Karenina Vieira. Watunna: a força de uma profecia. In *Tellus*. Campo Grande (MS): UCDB, Ano 9. N. 17. Jul./dez. 2009

# Seção 4

# Profecias brasileiras de origens diversas

Aqui encontram-se algumas poucas profecias sobre origens diversas. Talvez em uma edição futura, eu aumente esta seção ou crie um tópico exclusivo dedicado a profecias de movimentos messiânicos, mas aqui incluí somente Antônio Conselheiro, dos líderes messiânicos.

- Antônio Conselheiro
- David Moreira Caldas
- Francisco Renato Sousa Dantas

# ANTÔNIO CONSELHEIRO

Por volta de 1873, Antônio iniciou sua jornada de peregrino, com cabelos crescidos até os ombros, barba longa, face encaveirada e olhar fulgurante. Conselheiro ou Antônio Vicente Mendes Maciel foi um leigo religioso que, por um tempo, acompanhava os padres missionários no Nordeste. Ele ficou conhecido como conselheiro porque tinha o hábito de dar conselhos. Não é possível saber se ele conheceu a profecia abaixo de terceiros na época, como suponho, já que houve no sertão o medo da virada do século XIX para o XX, ou profetizou dele mesmo, porém errando o ano do acontecimento. Após o fim da Guerra de Canudos, quando o grupo de Conselheiro foi exterminado, foram encontrados vários cadernos que registravam profecias.

A profecia abaixo está relatada no livro *Os Sertões* de Euclides da Cunha[65]:

"[...] Em 1896 hade rebanhos mil correr da praia para o certão;

então o certão virará praia e a praia virará certão.

Em 1897 haverá muito pasto e pouco rasto e um só pastor e um só rebanho.

Em 1898 haverá muitos chapéos e poucas cabeças[66].

Em 1899 ficarão as aguas em sangue e o planeta hade aparecer no nascente com o raio do sol que o ramo se confrontará na terra e a terra em algum lugar se confrontará no céu [...]

Hade chover uma grande chuva de estrelas e ahi será o fim do mundo.

Em 1900 se apagarão as luzes. Deus disse no Evangelho: eu tenho um rebanho que anda fora deste aprisco e é preciso que se reúnam porque há um só pastor e um só rebanho!"

Roberto Levine também encontrou um manuscrito dessa

---

[65] Cunha, Euclides: *Os Sertões*. São Paulo: Três, 1984
[66] A profecia de "muitos chapéus e poucas cabeças" também é atribuída a Padre Cícero

profecia afirmando que as luzes se apagariam em 1901. Esse velho texto seria atribuído a um profeta chamado Jeremias[67].

A profecia abaixo se encontra no jornal *Pacotilha*, do Maranhão, de 4 de dezembro de 1897, como a "prophecia de Antonio Conselheiro", e foi publicada em 2009 em *Caderneta de Campo*, escrita por Euclides da Cunha[68]:

"Quando veres o sol escuro e d'ahi quando correrem as estrellas será o princípio do fim desta idade (...) quando as nações brigarem com as nações, o Brazil com o Brazil, a Inglaterra com a Inglaterra, a Purcia com a Purcia; das ondas do mar d. Sebastião sahir (...) quando veres o mar sahir dos seus limites com grande bramido e lançar-se aos montes, na sua retirada deixar os peixes nos montes como gado nas campinas, quando os montes cahir por cima de si próprio (...) até mil e tantos, à dous mil não chegarás".

---

[67] Citado por Kalliany M. M. Vitoriano em seu artigo Memórias do Porvir, publicado em Ramos, Francisco Régis Lopes. (Org) *História, Memória e Historiografia*. Coleção História e Historiografia. VI Seminário Internacional História e Historiografia. Sobral, CE: Sertão Cult, 2020.
[68] Cunha, Euclides. *Caderneta de Campo*. Rio de Janeiro: Fundação Biblioteca Nacional, 2009

## DAVID MOREIRA CALDAS

Há outras profecias antigas feitas no Brasil como a de David Moreira Caldas. Ele publicou diversas vezes em um jornal que a República seria proclamada em 1889 no Brasil. Por essa razão, esse jornalista, professor e político já foi chamado de Profeta da República. De acordo com o historiador Monsenhor Chaves, ele nasceu em 1836 no Piauí e lançou em 1868 um jornal chamado *Amigo do Povo*, onde iniciava publicamente seu apoio ao movimento republicano. Em 1873, encerrou o *Amigo do Povo* no n.º 89 e fundou um outro jornal, chamado *Oitenta e Nove*. No cabeçalho do novo jornal anual, dizia que a publicação só sairia 17 vezes (com periodicidade anual), correspondendo aos 17 anos que, na época, restavam à Monarquia. David Caldas faleceu em 1879, em Teresina.

"seja-nos permitido ter a fé robusta de ver a República Federativa estabelecida no Brasil, pelo menos daqui a 17 anos, ou em 1889, tempo assaz suficiente, segundo pensamos, para a educação livre de uma geração, para a qual ousamos apelar, cheios da maior confiança".

# FRANCISCO RENATO SOUSA DANTAS

O professor e folclorista nordestino Francisco Renato Sousa Dantas, nascido em 1949 em Juazeiro do Norte, conta[69] que ouviu as profecias sobre as trevas pela primeira vez na sua infância. Este é um importante registro do que circulava em alguns locais dos Nordeste nos anos 1950:

"A estória era a seguinte: um dia o sol não nasceria e a terra mergulharia nas trevas. Deus mandava este castigo para a humanidade pagar os seus pecados. Era fato consumado que os amancebados, ladrões, assassinos se transformariam em mulas-sem-cabeça, lobisomens, bestas-feras, zumbis, etc. estes bichos humanos chegariam às portas que não tivessem uma cruz pintada e suplicariam para entrar. Imitariam a voz de crianças a fim de que as pessoas sentissem pena e abrissem a porta, caso o fizessem, as assombrações devorariam os moradores. Apenas as velas bentas dariam luz. A água também benta seria arma contra os malfazejos. Choros, lamentos, gritos, seriam ouvidos por toda parte. O frio seria impiedoso e muitas pessoas morreriam. Quem conseguisse escapar, iria encontrar um mundo maravilhoso. As assombrações ou pecadores seriam julgados e mandados para o inferno. E o sol nasceria com Deus descendo a terra abençoando todos os homens".

---

[69] Dantas, Francisco Renato Sousa. *Lendas e mitos de Juazeiro e do Cariri.* Juazeiro do Norte, CE: Boletim do Instituto Cultural do Vale Caririense, n. 3, p. 32-37, 1976.

# Apêndice 1: mitos sobre os três dias de trevas

"É graças à história que o presente se elucida e o futuro se antevê".

Jean Bodin (1530-1596), historiador francês

Como o professor Paul Ehrenreich citou em seu estudo comparativo de mitos americanos com europeus[70], a maior parte dos mitos cosmogônicos das Américas contam sobre uma ou mais destruições do mundo, através de água, fogo ou ambas.

## TRÊS DIAS DE TREVAS: CONCEITO BÁSICO

Os três dias de trevas são um período de tempo que algumas profecias de vários países afirmam que ocorrerá no futuro, mas os três dias de trevas também se encontram nos mitos e lendas relacionados a um evento passado, quando o sol teria deixado de dar a sua luz e a lua e as estrelas não são vistas. Este período passado de escuridão é, em alguns casos, acompanhado de uma duração explícita de 3 ou 4 dias e, associado à escuridão, há vários acontecimentos, como o escurecimento gradual do sol e da lua, o som de trovão, os assassinatos, envenamente por gás etc. Por causa que alguns povos presenciaram e passaram por tradição oral períodos passados de ausência de sol, alguns povos, como os incas, tinham pânico de eclipses solares e lunares e acreditavam que estavam associados ao fim do mundo.

---

[70] Ehrenreich, Paul. *Die Mythen und Legenden der südamerikanischen Urvölker und ihre Beziehungen zu denen Nordamerikas und der alten Welt*. Berlin: Verlag von A. Asher & Co., 1905

## MITOS E LENDAS[71]

O "roubo do sol" é um tema de muitos mitos encontrados em diversos grupos tribais brasileiros, como kaxinawas (Abreu, 1914), karajá (Baldus, 1937), bakairi (von den Steinen, 1940) etc. como mostrou o antropólogo Roque de Barros Laraia. Em outros povos, o mito ficou mais conhecido o mito da "queda do céu", e assim existem as profecias em grupos tribais diversos sobre a queda do céu. Na África, algumas etnias preservaram e usam, ainda hoje, a expressão faça isso ou "o céu vai cair", significando algo como "vai dar tudo errado". Em raras ocasiões, mitos tribais associam a escuridão a três dias.

Diversos relatos de uma grande inundação, alguns acompanhados de detalhes sobre escuridão e de um forte barulho anunciador semelhante a um trovão que sai de dentro da terra foram encontrados entre os indígenas que habitavam no Brasil, como os tupis, os kaxinawas, padauíris, bororós e pamarís. Veja, por exemplo, o mito do dilúvio dos pamaris, uma tribo lacustre da Amazônia, que traduzi do livro de Gustavo Barroso[72]. O mito é semelhante com as profecias dos três de trevas, que são precedidos por sons de trovão, mudança de cor do céu e da lua, escuridão e associadas a uma enorme inundação que depois recua:

"Há muito tempo atrás, o fim do mundo chegou da seguinte forma: Um dia se ouviu um barulho vindo debaixo e sobre a terra. A lua e o sol se tornaram vermelhos, azuis e depois amarelos. Os animais selvagens se aproximaram dos homens sem ter medo. Um mês mais tarde, se ouviu um rumor ainda mais forte e as trevas se espalharam entre o céu e a terra. Uma chuva forte começou a cair noite e dia. Muitas pessoas morreram sem saber como. As águas cobriram toda a superfície da terra, deixando de fora somente os galhos mais altos das maiores árvores. As pessoas que buscaram se salvar sobre os galhos morreram de fome e frio, exceto Uassu e sua mulher Sofara. Assim que as águas baixaram, eles desceram da árvore onde estavam e não encontraram nem os cadáveres nem os ossos dos outros. Este casal repopulou a terra, mas os

---

[71] Seção em grande parte extraída do meu livro *Prophezeiungen über das Ende der Welt*, publicado em 2009 na Alemanha, com algumas inclusões.
[72] Barroso, Gustavo. *Mythes, Contes et Légendes des Indiens: Folk-lore Brésilien.* Paris: Ferroud, 1930

seus descendentes resolveram construir as casas sobre madeira, na margem do rio, porque assim, se um dia as águas começarem a subir novamente, as casas poderão flutuar sobre elas".

O mito acima citado por Barroso foi tirado de *Poranduba Amazonense*, escrito por João Barbosa Rodrigues e ali o mito possui alguns outros detalhes. No mito citado por Barbosa Rodrigues, "as trevas iam da terra ao céu", ou seja, elas subiram da terra para o céu, indicando portanto, que saíram do interior do planeta na forma de gases e cinzas ardentes. O texto de Barbosa diz também que choveu "todo o tempo da escuridão". Nessa obra, o autor escreveu: "Aqueles que têm estudado a vida dos povos toltecas e a sua desmembração, se cuidadosamente compararem as suas crenças e as suas lendas, com a dos povos da região Amazônica, hão de notar a grande analogia, senão afinidade, que se encontra entre elas".[73]

Os kaxinawas ou caxinauas, uma outra tribo indígena do Brasil, que habita no Acre, mantém em sua tradição um tempo onde começou a chover e a trovoar e houve a queda do céu, quando "os céus queimaram e os seus fragmentos caíram e mataram todos. O céu e a terra mudaram de lugar". O mito é contato também por Gustavo Barroso em *Mythes, Contes et Légendes des Indiens: Folk-lore Brésilien*[74], publicado originalmente em francês, em 1930.

No livro *Mitos e Lendas da Amazônia*, que foi também publicado fora do Brasil (e aqui retraduzi de uma edição italiana) se encontra o seguinte relato de dois mitos de uma grande inundação passada. Repare que no mito o deus avisa para que a porta seja mantida fechada:

"Se conta que nos tempos de nossos antepassados, quando faltavam poucos dias para o cataclisma do grande dilúvio, o próprio Deus desceu à terra para anunciá-lo. Assumiu a forma de um homem velho e caminhava pela floresta pregando enquanto alguns o insultavam e se perguntavam. "Quem esse velho acredita ser, para falar dessa forma?" diziam os supais. Mesmo as mulheres o ridicularizavam. Finalmente, o ancião encontrou um runa, que *tinha* dedicado a sua vida a Deus: "Filho, tu vives com Deus?" perguntou o Deus Yaya. "Sim", respondeu o homem

---

[73] Rodrigues, João Barbosa. *Poranduba Amazonense*. Rio de Janeiro: Typ. de G. Leuzinger & Filhos. 1890. Foi relançado em 2018.
[74] Barroso, Gustavo. *Mythes, Contes et Légendes des Indiens: Folk-lore Brésilien*. Paris: Ferroud, 1930

e convidou o velho para entrar, oferecendo-o comida. Então, o ancião os advertiu que o dia do Juízo divino se aproximava, adicionando que se ele vivia respeitando a Deus, seria salvo. E o homem perguntou quando seria isso. Deus respondeu. "Aquele dia será belíssimo como um dia de verão, mas depois a terra começará a tremer. Não se espante, reze para Deus. De longe, você ouvirá os maus fazendo festa, bêbados, mas não se aproxime deles e se eles vierem até ti, não abra a porta de casa. Continua dentro com a tua família. Se Deus quiser, a tua casa e os teus campos serão preservados. Agora devo ir.... (...) Em um dia quentíssimo ao meio-dia se ouviu um som forte como de um trovão. Toda a terra tremeu. Então o runa se lembrou das palavras de Deus. Os maus faziam festa e eles, vendo a morte próxima, se espantaram muito. Tudo foi submerso sob as águas. Eles nadaram até a casa do runa e pediram ajuda. Mas o runa se lembrou que se abrisse a porta, também ele morreria. Depois do Juízo, a floresta não existia mais e tudo era como um imenso lamaçal com cor cinzenta. Mas a terra começou a se enxugar. Durante o dilúvio alguns macacos se salvaram se segurando no alto das árvores e se alimentando dos seus frutos. Dois runas sobreviventes vagaram sem meta até que ouviram um som... alguém estava cortando lenha. Então o pequeno runa, muito surpreso de encontrar outros runas, disse: "Então, também vocês estão vivos". "Sim, graças a Deus", responderam com alegria. Depois os três encontraram outros runas sobreviventes que tinham escapado em situações diversas. (...) Anos depois, um segundo Juízo de Água foi anunciado por Deus. Ele desceu sobre a terra e avisou aos runas. "Aguardem vinte anos e depois ouvirão de longe um rumor muito forte que fará tremer a terra. Comecem desde agora a construir jangadas, sobre as quais acumularão milho, batata, sementes e outros comestíveis. Quando chegou a época, todos os que não tinham barcos começaram a nadar, mas morreram depois. As jangadas boiaram sem direção até que a água se retirou e a terra secou. Os homens estavam em um lugar desconhecido e sem comida, mas saíram de suas embarcações e foram procurar comida. Havia quatro montes do alto Napo e durante o Grande Dilúvio, com a subida das águas, dois montes subiram na direção do céu, enquanto os outros dois, foram submersos e desapareceram. Antesana superou Sumu-urku, crescendo palmo a palmo e chegou a tocar no céu. Ao contar a história, a minha avó insistia para eu não esquecer nenhum detalhe..."

Curt Nimuendaju coletou um mito dos extintos Kamakã, que habitavam em pequenas aldeias no século XVIII ao longo do rio Pardo. Nesse mito, a lua sumiu em uma inundação e em um outro mito, o sol morreu, ficando escuro, e na Terra havia trevas. Depois disso caiu fogo do céu. Um pajé havia previsto essa catástrofe e com fórmulas mágicas ressuscitou o Sol.

José de Alencar em *O Guarani* (1868) relata um mito: há muito tempo atrás, a água começa a subir e subiu muito. O sol desapareceu (mergulhou) e reapareceu uma, duas, três vezes. A terra desapareceu. As árvores desapareceram. As montanhas desapareceram. Sobreviveram Tamandaré e sua companheira em uma palmeira que flutuava. Todos os outros morreram. A água tocou o céu durante três dias e três noites e depois começou a abaixar até que a terra reapareceu. Na cultura indígena, de Tamandaré descenderam os Tupinambás.

Alfred Métraux, citando A. Thevet, que revelou a mitologia dos tupinambás, conta em *A religião dos tupinambás* que os tupinambás conheceram três dilúvios: o primeiro foi precedido de sons de trovão, e após a segunda inundação veio a terceira, que é onde Tamendonare (Tamandaré acima) se salva com a esposa. De acordo com Thevet, em *Cosmographie*, os tupinambás acreditavam também em um dilúvio que veio depois de um incêndio do mundo. Essa crença no dilúvio associada a um incêndio global, com trevas presentes em alguns deles, era semelhante à dos carajás, tapirapés, iuracares, taulipangs, apapocuvas, chiriguanos, tembés, chipaias, tobas, tumereás e ipurinás.[75]

Os mbiás, um subgrupo dos guaranis, também chamados de ou mbya-guaranis, que se encontram ainda no litoral sul e sudeste brasileiro, acreditavam que em catástrofes como inundações e grandes incêndios, *Nhanderu Tenondegua* não pretendia e não pretende (nas próximas catástrofes) destruir a Terra, mas apenas modificá-la e aperfeiçoá-la, destruindo a antiga sociedade para criar uma nova, mais pura.

Curt Nimuendaju registrou um mito dos apapocuvas-guarani em sua obra *As Lendas da Criação e Destruição do Mundo*[76]: o deus

---

[75] Métraux, A. *A religião dos tupinambás*. São Paulo: Companhia Editora Nacional, 1950

[76] Unkel, Curt Nimuendaju. *As Lendas da Criação e Destruição do Mundo*. São Paulo: Edusp, 1987

Ñanderuvuçú desce à Terra e certo dia, se ouve de longe o trovão do fim. A partir do oeste, a Terra desmoronava. Ao mesmo tempo em que a Terra desmoronava, um fogo subterrâneo (*yvy ocái*) começa a devorar o subsolo a partir do limite ocidental da Terra. Um pouco depois, as suas labaredas chegavam à superfície. Pouco a pouco, a destruição avança do oeste para o leste. Assim, *Guyrapoty* caminhou com seus filhos para o leste, em direção ao mar até que chegaram na Serra do Mar e ali ficaram. Passados quatro anos, veio o dilúvio previsto e a água do mar ergueu-se como uma enorme muralha inundando a Serra do Mar e arrefeceu a parte da Terra que queimava.

Nimuendaju conta também que em alguns relatos do dilúvio, o dilúvio é precedido pela queda do céu, quando os morcegos demônios *mbopi recoypy* enviados pelo próprio Ñanderuvuçú, que devoram o sol e a lua. Durante essas trevas, ocorre uma segunda catástrofe: o jaguar azul desce dos céus e aniquila a espécie humana. O dilúvio, associado ao fogo que vem do interior e ao desmoronamento da Terra, termina com a catástrofe. Nimuendaju escreveu que esse conjunto de catástrofes, desde as trevas até o dilúvio, são denominados *mbaé meguá* pelos pajés.

Em um mito chamado A Morte de Piaimã, narrado por Mayuluaípu, índio taulipáng, escrito por Theodor Koch-Grünberg e publicado em 1953 na *Revista do Museu Paulista*, o dia se transformou em noite, devido a nuvens escuras e os rios ficaram cheios. O autor cita mitos de outros povos indígenas associando o desaparecimento do sol e da lua a um dilúvio passado.

Eu não tenho certeza se fui a primeira pessoa que fez a associação dos três dias de trevas previsto nas profecias à criação bíblica do sol no quarto dia, mas não copiei a ideia de nenhum livro. Conforme conta o Gênesis, na Bíblia, a "criação do mundo" foi feita em sete dias e o sol foi criado no quarto dia, implicando, portanto, em três dias de escuridão. A criação bíblica do mundo provavelmente seria a segunda página de uma história cuja primeira página foi removida, por algum propósito, que incluía um relato da destruição do mundo que existia previamente, conforme vários povos contam. Você encontrará os três dias de trevas na primeira página da Bíblia que provavelmente possui em casa, quando as águas e trevas cobriam o planeta. Sem a existência do sol não seria possível contar os dias presentes na criação bíblica, mas eles são contados desde o primeiro dia:

"Deus fez os dois grandes luminares... fez também as estrelas... esse foi o quarto dia" Gênesis, capítulo 1

Os dias de escuridão estão acompanhados de uma enorme inundação em algumas profecias e pode-se entender que estão associados. Platão, em sua obra *Timeus*, escrito por volta de de 400 a.C., narrou uma conversa de um sacerdote egípcio com o legislador grego Sólon (que viveu em Atenas, 640-560 a. C.). O sacerdote egípcio teria dito ao sábio grego, que por sua vez contou a história a Crítias, que teria contado a Platão:

"Sólon não era apenas o (grego) mais sábio de todos os homens. (...) Nesta cidade (egípcia), Sólon chegou e ali foi recebido com grande honra. Ele perguntou aos sacerdotes que conheciam melhor os assuntos antigos (...) um dos sacerdotes que tinha idade mais avançada disse: Sólon, vocês gregos não são mais do que crianças e não há nenhum ancião entre vocês. (...) Todos possuem uma mente jovem, não há ninguém entre vocês que conhece uma tradição antiga (...) e direi por quê: houve e voltará a haver muitas destruições da humanidade por causas diferentes, as maiores por meio do fogo e da água. (...) (o fim pelo fogo) é causado pelo desvio dos corpos celestes que giram ao redor da Terra e que determina, a longos intervalos de tempo, a destruição. (...) Quando, em vez disso, a terra é purificada com água, a terra é submersa e só os pastores nos montes se salvam, enquanto os que habitam nas cidades são transportados aos mares...". E ele disse também que os gregos não conheciam essas histórias de destruições passadas "porque os sobreviventes, por várias gerações, morreram sem ter a escrita".

Coomaraswamy, sobre uma das crenças da religião hindu, escreveu:

"Cada Manvantara (ciclo) é seguido por um dilúvio, que destrói os continentes existentes e engole todos os seres vivos, exceto os poucos que foram preservados para repopular a terra".

Na tradição do hinduísmo, nuvens terríveis e negras cobriram os céus em uma catástrofe passada. "Então, com o forte barulho de trovões, derramaram chuvas torrenciais. As águas caíram de forma portentosa, inundando os três mundos com chuvas sem interrupção. E foram vistas em todos os lados, os quatro oceanos engolindo com ondas tempestuosas a inteira superfície da terra. Toda a criação foi ferida por estas inundações densas".

Na cultura asiática Prasun Kafir, de acordo com transcrições feitas no século XIX, há o mito que conta que o mundo estava frio e escuro, porque o gigante Espereg-era havia capturado o sol e a lua. "Então o Deus Mandi se transforma em uma criança (...) e no quarto dia de prisão do sol e a lua, Mandi recupera a forma adulta e encontra o sol e a lua" e consegue liberá-los.

Em um mito da criação do taoísmo chinês, da deusa ou imperatriz Nu Gua (ou Nu Kua, Nu Wa ou Nu Hsi), transcrito de vários textos, mencionado pela primeira vez por Lieh Tzu, de acordo com E.T.C. Werner, em *Myths & Legends of China*, Kung Kung é o deus da água e destrói os pilares que sustentam o céu, fazendo o céu cair. Quando o céu cai, se forma um grande buraco, a terra se desloca em seu eixo, o sol escurece e a água chove em grande quantidade. Posteriormente, a terra emerge do caos e os humanos são criados por Nu Kua.

O mito dos pigmeus (habitantes na África Equatorial) conta sobre o dilúvio, o enfraquecimento da luz e o desaparecimento temporário do sol.

"Já havia algum tempo que o Sol dava sinais de cansaço. No começo, os pigmeus não prestaram muita atenção. Mas depois de algum tempo, tiveram que reconhecer que o fenômeno continuava de forma anormal. No fim do dia, o sol parecia "sem fôlego", achavam. E os sintomas aumentavam. O calor era cada vez menor e a luz enfraquecia a olhos vistos. Então chegou o dia que o sol não nasceu mais e começou uma grande tempestade. Alguns pigmeus acreditavam que era o fim do mundo. A chuva diluvial caía. Então houve a queda das estrelas. As estrelas explodiram e começaram a cair do céu. Ao mesmo tempo, o sol começou a recuperar a sua força e reencontrou o esplendor original. A longa noite acabava de ter fim e o sol se levantou no horizonte, e mais brilhante do que antes, furando as nuvens negras de chuva, resplandeceu no céu."

Os incas, os astecas e os maias acreditavam que o planeta tinha passado por vários cataclismos passados, contendo escuridão e inundação. O *Popol Vuh*, o antigo livro sagrado de uma civilização precolombiana, os maias quichés, contém a mais antiga mitologia documentada em todo o continente americano. Há poucos anos, no terceiro milênio, foi descoberta uma antiga construção maia com desenhos nas paredes representando passagens do Popol Vuh na

Guatemala. De acordo com um texto maia do Yucatan, vários terremotos e erupções vulcânicas aterrorizaram a população, queimando cidades e campos. E no 13º dia após esses acontecimentos, vieram ondas gigantescas que destruíram o que restava e submergiram o continente.

Dentre os numerosos contos ligados à mítica origem dos incas, o lago Titicaca, o maior da América do Sul, se apresenta muitas vezes como lugar sagrado. Segundo uma lenda dos incas, há muito tempo aquele lago não existia e vivia ali um povo violento e soberbo. Um dia, um grupo de adivinhos trouxe uma profecia sinistra: "o fim se aproxima: trovões, inundações, incêndios e terremotos destruirão as vossas terras". E repetiam todos os dias estas palavras até que os habitantes da cidade decidiram matá-los. Mas os sacerdotes estavam preocupados porque sabiam que deveriam dar ouvido aos adivinhos, mesmo se os presságios eram obscuros. Assim, alguns deles decidiram ir viver no alto dos montes, afastando-se da cidade. Um dia, quando tudo parecia tranquilo, um cidadão viu uma pequena nuvem vermelha escura que, pouco a pouco, se juntou a outras e começou a escurecer o céu, pois o cobriram completamente, mas mantinham um clarão sinistro. Um barulho semelhante a um trovão espantoso anunciou a chegada de um tremor mortal que fez cair alguns edifícios da cidade, os mais fracos. Das nuvens, começou a cair uma chuva de fogo e o tremor aumentou. Desta vez, mesmo os edifícios de pedra mais fortes vieram ao chão e também os aquedutos e canais, destruindo tudo. As correntes d'água que desciam da montanha chegaram ao vale submergindo completamente a cidade. Segundo a lenda, assim se formou o lago Titicaca, no qual está a Ilha do Sol, o monte no qual os sacerdotes que escutaram o que diziam os adivinhos buscaram abrigo. Em agosto de 2004, os principais jornais do mundo publicaram que os restos de uma civilização foram descobertos no fundo do lago Titicaca a setenta metros de profundidade.

Algumas civilizações precolombianas falam em seus mitos de uma escuridão que durou quatro dias.

Na mitologia dos astecas, como relata o livro Legenda de los soles (Lenda dos sóis), havia a crença que estamos na 5ª época, que este é o quinto sol, e que existiram quatro mundos antes do nosso. A morte do sol ocorria quando ele deixava de ser visto por alguns dias. Depois de quatro dias sem luz, dizem os mitos dos astecas, o sol voltou a aparecer. Os incas acreditavam que o Sol já havia morrido (desaparecido temporariamente) várias vezes, mas que renascia depois. Em algo semelhante acreditavam os maias e astecas.

Fontes rabínicas judaicas adicionam que a terra estava tremendo, o sol foi escurecido e as fundações do cosmo foram deslocadas. Todo o planeta estava em atividade vulcânica, entre raios e trovões. A literatura rabínica também se refere a grandes ondas. Os textos também dizem que várias arcas foram usadas para tentar escapar, mas somente uma escapou da violência das águas. De acordo com as informações judaicas, a catástrofe alterou a natureza das plantas, dos animais e do homem. A terra havia sido alterada e o céu não era o mesmo. "Antes do nascimento de Noé, o mar (do Mediterrâneo) tinha o hábito de transgredir seus limites duas vezes diariamente (era um mar aberto), de manhã e de tarde. Depois, ele se manteve dentro de seus confins".

## ELEMENTOS EM COMUM ENTRE OS MITOS/LENDAS E PROFECIAS SOBRE OS TRÊS DIAS DE TREVAS

As profecias e mitos dos três dias de trevas possuem alguns elementos que se repetem. Raramente, todos esses elementos são encontrados em uma profecia ou mito sobre trevas, mas se fizéssemos uma interpolação, esses seriam os elementos comuns associados aos três dias de trevas:

- BARULHO E POSSÍVEL TREMOR. Ouve-se um barulho que vem de dentro da terra e sente-se um possível tremor. O tremor que anuncia as trevas está presente em mitos dos índios pamarís e em algumas profecias sobre os três dias de trevas.

- LUA DE COR AVERMELHADA. Presente na profecia dos índios apapocuvas e outras profecias e lendas associadas aos três dias de trevas de outros povos.

- ESCURECIMENTO PARCIAL DO SOL.

- NOVO BARULHO E POSSÍVEL TREMOR. Há um novo barulho e um outro possível tremor

- ESCURECIMENTO TOTAL DO SOL. Há um escurecimento maior do sol e tudo fica escuro.

- TRÊS DIAS DE TREVAS. Durante três dias não se veem sol, lua e estrelas. Nas crenças dos incas, o planeta ficou quatro dias sem luz solar, é a morte do sol no mito inca; os persas acreditavam que o planeta ficou sem luz por três dias, textos rabínicos judaicos mencionam que o sol foi obscurecido.

- PESSOAS NERVOSAS OU ENLOQUECIDAS. As pessoas parecem enlouquecidas durante esses dias. As profecias falam de demônios, imitação de vozes etc.

- SALVAÇÃO DOS QUE SE FECHAM EM CASA. Salvam-se somente as que se esconderem dentro de casa, sem abrir a porta. Algumas profecias falam que as janelas e portas devem estar bem fechadas para que ninguém saiba que há alguém dentro de casa. Profecias católicas dizem que as portas não devem ser abertas, mesmo que pessoas finjam ou imitem vozes de conhecidos ou parentes. Profecias católicas mencionam ainda a necessidade de velas bentas que salvarão.

- Alguns mitos e profecias falam de terremotos fortes e grande inundação associada ao evento. RETIRAR Veja a profecia de Dino Kaspedron.

- Algumas profecias, tipicamente europeias, falam de mudança climática que ocorrerá após o evento. Por exemplo, profecias europeias falam que nascerão frutas tropicais na Rússia e na Alemanha. Outras profecias, falam de mudanças geológicas, que surgirão terras onde não havia.

## POSSÍVEL EXPLICAÇÃO PARA O PERÍODO DE TRÊS DIAS DE TREVAS

À primeira vista, o fenômeno previsto de escuridão parece algo sobrenatural, um castigo divino. Por outro lado, ele parece já ter acontecido outras vezes, já que também é encontrado em mitos e lendas de vários povos que foram transmitidos oralmente. Poderia se tratar, portanto, de um fenômeno natural periódico que, infelizmente, ainda não confirmado pela ciência, tem sido considerado errôneo, apesar de, no passado, ignorados, alguns cientistas já tenham feito alusão a essa possibilidade, como os pais da teoria da era da glaciação, ou era do gelo,

L. Agassiz e G. Couvier. Os cientistas da época não aceitaram a hipótese de deslocamento dos polos porque não acreditavam existir uma força dentro do planeta capaz de girar o planeta, o que poderia causar os terremotos, inundação e talvez a escuridão previstos. Atualmente, graças aos satélites, se comprovou que terremotos podem causar pequenos deslocamentos dos polos, já que alguns causaram deslocamentos de alguns centímetros. E a ciência revelou também que quanto mais perto de um polo for o terremoto, mais força tem para causar um deslocamento dos polos. Enfim, apesar de considerado impossível por séculos, os satélites mostraram que em pequena escala já ocorreu nas últimas décadas.

Por volta de 2001, tive a oportunidade de me reunir com escritores e estudiosos de profecias, alemães e austríacos, na Áustria. Um dos palestrantes, um engenheiro químico, explicava cientificamente como "superar" os três dias de trevas. Alguns especialistas em profecias acreditam que esse período previsto realmente acontecerá, mas não como um castigo divino, e sim como um fenômeno periódico que ocorre no planeta Terra. Enfim, esta é uma possível explicação científica do acontecimento:

- Ouve-se um barulho como um trovão e sente-se um possível tremor (sabe-se que antes de terremotos, a terra emite um barulho de ajustamento da terra ou movimento de placas tectônicas que vem do interior)

- Há um escurecimento do sol (abrem-se fendas na superfície da terra com o terremoto ou há uma enorme erupção vulcânica que espalha cinzas pelo globo e de onde saem gases que cobrem parcialmente a atmosfera, impedindo parcialmente a penetração de luz e mudando aparentemente a cor da lua)

- Há um novo trovão e um outro possível tremor (idem acima) associados a outros terremotos

- Há um escurecimento maior do sol e tudo fica escuro (com o aumento dos gases, a luz solar praticamente não penetra – provavelmente há ainda um pouco de luz, caso contrário, os dias não poderiam ter sido contados na criação bíblica do mundo, quando o sol é "criado" depois dos três dias de trevas)

- Durante três dias não se veem sol, lua e estrelas (devido aos gases)

- As pessoas parecem enlouquecidas e se matam (gases venenosos, incluindo o gás carbônico, que mata em poucos minutos são liberados o interior do planeta, alterando, obviamente, o comportamento das pessoas)

- Salvam-se somente as que se esconderem dentro de casa, sem abrir a porta (para não respirar o ar externo) Algumas profecias falam que as janelas e portas devem estar bem fechadas para que ninguém saiba que há alguém dentro de casa (e para que os gases não entrem pelas frestas) Profecias dizem que as portas não devem ser abertas, mesmo que pessoas finjam ou imitem vozes de conhecidos ou parentes (já que a pessoa estará exposta ao ar venenoso e morrerá e a pessoa que já está fora pode estar com o seu estado de consciência alterado devido aos gases)

- Profecias católicas mencionam velas bentas. Somente as pessoas que acenderem em suas casas velas bentas que permanecerem acesas serão salvas. (nenhum fogo permanece aceso se há uma grande quantidade de gás carbônico. Qualquer vela, benta ou não, deverá apagar se houver gás carbônico dentro da casa em excesso).

- As pessoas fora morrerão. As que abrirem as portas morrerão (devido ao ar venenoso)

- Alguns mitos e profecias falam de terremotos fortes e grande inundação associada ao evento (caso ocorra um terremoto extremamente violento próximo de um dos polos, haverá um deslocamento dos polos e o gelo dos polos derreterá e ocorrerá um novo "dilúvio". Os satélites detectaram pequenos deslocamentos dos polos, como de 2 ou 3 cm, nos últimos terremotos fortes e sabe-se com base em fórmulas matemáticas que quanto mais perto dos polos for o terremoto, maior é o deslocamento)

- Algumas profecias falam de mudança climática associada ao evento (se ocorrer um deslocamento dos polos de grande porte, haverá uma mudança climática em todo o planeta: montanhas afundarão, regiões no fundo do mar subirão e se tornarão montanhas, regiões quentes ficarão frias, regiões frias ficarão quentes etc.)

- Algumas profecias falam de novas montanhas e que algumas montanhas ficarão planas. Atualmente já se sabe que terremotos fortes podem fazer isso.

Mitos e lendas de vários povos e culturas em todos os continentes contam um período em que o sol desapareceu por 3 ou 4 dias. Encontrei um caso onde há menção a um "aquecimento global" antes da catástrofe, mas enquanto essa expressão foi usada pelos cientistas pela primeira vez na década de 1970, foi usada antes e impressa em um mito associado à catástrofe natural passada. O aquecimento global atual do planeta poderia, portanto, ter alguma relação com o evento.

# Apêndice 2: profecias de trevas, inundação e terremoto

"Antes que grandes acontecimentos ocorram em uma cidade ou em uma província, aparecem sinais os prognosticando ou aparecem pessoas os prevendo. De onde isso vem, eu não sei, mas o que é óbvio tanto em exemplos modernos como em antigos é que nenhum acontecimento sério ocorre sem a profecia de uma pessoa, uma revelação, um prodígio ou um sinal do céu".

Maquiavel, em *Discurso sobre Tito Lívio*

As profecias contidas neste apêndice são de diversas origens, não são exclusivamente brasileiras. Elas servem para mostrar que as profecias sobre escuridão ou inundação se encontram em praticamente todos os povos e culturas do mundo. A maioria das contidas aqui foi inicialmente reunída e publicada em meu livro *Prophezeiungen uber das Ende der Welt*, publicado na em 2009, que foi traduzido e publicado na Espanha (*Profecias sobre el fin de los tiempos*) em 2012.

O papiro funerário egípcio do ano 1800 a.C. (Deus sol Aton) tem a seguinte profecia:

"Destruirei tudo o que criei e esta terra será transformada em oceano, como era no princípio".

O Edda Prosaico, textos escandinavos do século V, possui a seguinte profecia:

"Em seguida, (...) o lobo engolirá o sol (...) outro lobo engolirá a lua, e isso também será ruim. As estrelas desaparecerão do céu. É preciso dizer também que a Terra e todas as montanhas tremerão tanto que as árvores serão arrancadas com as raízes, os montes desmoronarão, e todas as correntes, todas as cordas arrebentarão e serão arrancadas. O mar se quebrará contra a terra. (...) O mundo morre, o sol se obscurece, a terra some no mar, as estrelas luminosas caem do céu; Vapores repugnantes e chamas devoradoras e um intenso ardor sobem até o céu.

A terra é sombria dentro do mar. Então, quando tudo parecer perdido, miraculosamente um novo amanhecer vem. O sol brilha novamente... Vejo a terra subir uma segunda vez do mar, coberta com florestas e pastagens verdes"

O Hino E ou Hino de Ação de Graças n°4 foi encontrado entre os manuscritos do Mar Morto, com aproximadamente dois mil anos de idade:

"As ondas dos oceanos (se desencadeiam) por todas as obras de pecado. E (...) as ondas emitem sons ameaçadores.(...) E todos os sábios são lançados nas profundezas das águas; toda a sabedoria é destruída por causa da agitação das águas. O fundo do oceano ferve e faz as águas se elevarem nos ares e ondas gigantescas e vagalhões ressoam com grande barulho. E enquanto promovem a devastação (...) as trevas eternas engolirão todos os espíritos do Mal."

Não se sabe exatamente quando foi publicada a primeira edição do *Mirabilis Liber*, mas alguns especialistas acreditam que ela foi publicada em 1522. Devido ao colofon do editor, é possível que tenha sido publicada um pouco antes, mas essa é outra questão. A profecia abaixo foi traduzida diretamente dele:

"De fato, a terra em muitas partes tremerá de medo e engolirá os vivos: muitas cidades, fortalezas e cidades poderosas serão destruídas pelo tremor de terra. Os frutos da terra diminuirão e a umidade deixará as raízes; as sementes apodrecerão nos campos e as que nascerem não darão frutos (conseqüência de bomba química provavelmente). O mar fará rumores altos e se levantará contra o mundo e engolirá muitos navios e muitas pessoas: o ar estará infestado e corrompido por causa da malícia da indignidade das pessoas. Sinais numerosos e espantosos aparecerão no céu: o sol se escurecerá e aparecerá de cor de sangue para um grande número de pessoas. (...) O curso natural do ar estará quase todo mudado e pervertido por causa das enfermidades pestilenciais: mortes repentinas e diversas virão para os homens e animais: haverá uma peste inexplicável: uma fome cruel e horrorosa desolará todo o mundo e, em particular, o Ocidente. Nunca, desde o princípio do mundo, se ouviu falar de uma fome assim."

Para alguns especialistas, o *Corpus Hermeticum* tem origem egípcia, e foi escrito alguns séculos antes de Cristo (talvez século III a.C.)

e foi traduzido para o grego e para outros, tem origem grega e foi escrito depois.

"A terra perderá então seu equilíbrio, o mar deixará de ser navegável, o céu não estará manchado de estrelas, os astros deterão sua marcha pelo céu, toda a voz divina será forçada ao silêncio e se calará, os frutos da terra apodrecerão, o solo deixará de ser fértil, o próprio ar ficará doente num lúgubre torpor. Isto, pois, será a velhice do mundo: irreligião, desordem, confusão irracional de todos os bens. Quando estas coisas tiverem acontecido, ó Asclépios, então o Senhor e o Pai, o Deus primeiro em potência (...) aniquilará toda a malícia, apagando-a através de um dilúvio, consumindo-a através do fogo, destruindo-a através de enfermidades pestilenciais estendidas a diversos lugares, mas logo conduzirá o mundo a sua beleza como era no princípio, para que este mesmo mundo seja novamente digno de reverência e admiração e para que também Deus, criador e restaurador de uma obra tão grande, seja glorificado pelos homens e para que vivam, então, com contínuos hinos de louvor e bênção."

No Antigo Testamento, Amós 5, 20:

"Qual será o dia do Senhor? Um dia de escuridão e não de luz e o que ocorrerá neste dia? Escuridão em lugar de luz".

Profecias sobre o escurecimento do sol no Antigo Testamento também se encontram em Isaías 13:10 ("o sol será escuro ao nascer e a lua não dará a sua luz"), Jó 3:9, Joel 2:10 ("antes a terra treme, os céus tremem, o sol e a terra escurecem e as estrelas perdem o seu brilho"), Amós 8:9, Ezequiel 32:7, Joel 3:15, Joel 2:31 ("o sol será transformado em trevas e a lua em sangue antes do grande e terrível dia do Senhor chegar").

No Novo Testamento, além de Mateus 24:29, Mateus 13:24 e Atos 2:20, o Evangelho de Lucas, 21:25, registra o que Jesus teria dito, quando fala do fim dos tempos:

"Haverá sinais no sol, na lua e nas estrelas; sobre a terra, haverá angústia entre as nações, desesperadas por causa do estrondo dos mares e das ondas" Em grego antigo (koiné), a palavra que se refere às ondas no fim da frase é σάλου. Essa palavra pode significar, além de ondas, terremoto, agitação e movimento forte do mar, de acordo com dicionários de grego koiné.

Assim como no Cristianismo e no Judaísmo, o Islamismo possui profecias sobre um período de escuridão e, da mesma forma, esse período foi associado ao fim do mundo e ao julgamento final e separação dos bons dos maus. O Alcorão tem as seguintes profecias relativas à catástrofe natural:

"Quando o Sol for obscurecido e as estrelas perderem a luz, e quando as montanhas se deslocarem (...) e quando os mares estiverem agitados, todas as almas serão separadas, os bons de um lado e os maus do outro". (s. 81, 1-10)

"Quando o céu se mover e as estrelas caírem, e quando os mares avançarem, e quando os sepulcros serão movidos, todas as almas conhecerão o que terão feito e o que terão deixado de fazer". (s. 82, 1-5).

"Naquele dia, dobraremos o céu como se faz com um rolo escrito. Assim como produzimos a primeira criação, da mesma forma, nós a faremos de novo. Esta é uma promessa que nos une. Nós cumprimos as nossas promessas." (s. 21, 104 – aqui é Deus que fala)

A Profecia de Quetzalcoatl (947) dos astecas diz "O equilíbrio da natureza será perdido, quando as ondas do oceano não respeitarem as praias".

O Vishu Purana, escrito na Índia, profetiza: "A terra parecerá um imenso oceano".

Entre as profecias deixadas por Leonardo da Vinci em manuscritos que hoje se encontram na França, onde Leonardo viveu seus últimos dias, há algumas que se relacionam a uma futura catástrofe natural:

"A água do mar se elevará sobre cumes elevados dos montes na direção do céu e cairá sobre as habitações dos homens."

O escritor M. Laurens Videl conheceu pessoalmente Nostradamus e o criticou duramente em um livro, chamado *Declaration des Abus, Ignorances et Seditions de Michel Nostradamus*.[77] Publicado em 1558, o livro abordou as profecias de Nostradamus as chamando de ignorantes, abusivas e absurdas. Entre os absurdos, o autor menciona as inundações anunciadas em seus almanaques proféticos, hoje menos conhecidos que suas centúrias. Na visão do autor, a Bíblia ensinava que

---

[77] Disponível online no site da Biblioteca Nacional Francesa - Gallica.bnf.fr

Deus tinha feito um pacto com os homens no dilúvio e não haveria novas inundações:

"De acordo com as suas profecias, você diz que antes do fim do mundo, haverá tantos dilúvios e tantas inundações que não haverá território que não fique coberto por água."

Profecia espírita do médium austríaco F. Zellerh, feita em 1964, através de psicografia, quando o espírito é perguntado quando tudo mudará:

"Quando o homem mudar. Quando a vida mudar. Quando apagarão as luzes e, depois de uma longa noite, surgirá o novo sol".

Ao responder a pergunta "faltam muitos anos para se chegar a essa catástrofe mundial?", a médium, uma senhora ítalo-americana, cujo nome não foi mencionado, respondeu em 1959:[78]

"Será perto do ano 2000... quando os dois gêmeos estiverem em sequência"[79].

Apesar da interpretação de dois gêmeos acima ser difícil, tanto que eu mesmo traduzi de forma diferente quando incluí essa profecia no meu livro em 2009, os dois gêmeos sequenciais me fazem pensar nos "XX XX" mencionados na profecia brasileira atribuída ao Frei Vidal, ou seja, na década de 2020.

Existem também profecias de origem católica europeia que anunciam os três dias de escuridão. Alguns dos religiosos que profetizaram sobre esses dias foram Padre Pio, a religiosa italiana Isabel Canori Mora, o Padre italiano Gaspar de Búfalo, a freira alemã Anna Catarina Emmerich, a religiosa italiana Ana Maria Taigi, a religiosa francesa Marie-Julie de la Fraudais, a italiana Palma d'Oria, Marie Baordi, a monja alemã de Dresda etc. Citarei somente aqui a profecia transcrita pelo sacerdote beneditino Ellehorst, alemão, de 1922, a partir das visões de um granjeiro, em Voralberg:

---

[78] Estas duas últimas profecias espíritas foram publicadas em Baschera, Renzo. *I grandi di ieri ci parlano del mondo di domani*. Padova: MEB, 1995, que foi publicada em português pela Ediouro.

[79] O original é "nella catena", que pode significar em corrente, em cadeia, na cadeia etc. como traduzi em 2009. Mas também significa série contínua, sucessão ordenada, um depois do outro. Pode ser 2020.

"Corrupção geral, grandes carências... há trevas durante três dias e três noites. Começa com o forte trovão ou um terremoto. Somente as velas sagradas acenderão. Terremotos e maremotos. Vapores sulfúricos enchem o ar. Uma cruz aparece nos céus, é o sinal do fim das trevas. A Terra está deserta. Homens apavorados abandonam as suas casas".

# Apêndice 3: a década de 2020 nas profecias

"O terceiro milênio é o tempo da terceira grande guerra. (...) A terra treme. No céu, o sol interrompe o seu curso. Depois de tudo isso, os antigos deuses regressam."

*Liber Vaticinationem Quodam*

(escrito no século IV, conhecido no século XVI)

A história mostra que, na maioria das vezes, as profecias não se concretizam conforme profetizadas. De fato, historicamente, há um mundo de mentiras e manipulações associadas às profecias, por diversas razões, políticas, econômicas, religiosas etc. Por outro lado, conforme verificado por Institutos de Parapsicologia, há pessoas que têm premonições que se realizam. Existem muitas pessoas que não acreditam na hipótese de uma profecia anunciar um futuro. Essas pessoas devem ter o raciocínio do tipo "se nunca aconteceu comigo, por que eu deveria acreditar nisso?". Esse é um raciocício lógico. Da mesma forma que se eu já tive várias experiências premonitórias na minha vida e por causa delas comecei a ler sobre o assunto, para tentar enteder, seria ilógico para mim ignorar e não acreditar nessa possibilidade, seria negar a minha própria existência.

Em meu livro publicado na Alemanha em 2009 e traduzido e publicado na Espanha em 2012, eu anunciava os seguintes eventos para a década de 2020:

- Uma crise econômica seguida de uma depressão profunda
- Conflitos civis e guerras civis em países europeus
- A terceira guerra mundial
- A grande catástrofe natural no fim da guerra

Antes de mais nada, vamos analisar rapidamente a profecia que cita que os eventos previstos ocorrerão na era dos dois XX ou os dois VV[80], um para cima e outro para baixo. A questão de autenticidade pode ser verificada e não parece haver dúvidas em relação a isso. Em relação à interpretação, este é um outro mundo. Confesso que durante anos olhei para essa profecia sem entender e me parecia algo confuso, até porque há a versão de "um VV" (e não dois VV), mas percebi então que essa versão parece ser uma alteração da versão original. E em 2021, ao relê-la e entender melhor a questão da alteração, achei que a "era dos dois XX" poderia se referir à década de 2020. Isso servirira como uma confirmação da minha interpretação publicada nos livros de 2009-2012. Anos antes (o livro foi terminado em 2006 e enviado para a editora alemã no início de 2007) eu tinha encontrado outras profecias de outras origens que me fizeram chegar à década de 2020, quando estimei que ocorreriam catástrofes e mudanças profundas. Eu não apenas interpretei profecias de diversas origens, continentes, épocas, povos e culturas, mas fiz operações matemáticas básicas para chegar à década de 2020. Sendo assim, a profecia dos "dois XX" é uma adição, agora, em 2021, aos cálculos que fiz.

Vamos ver os itens que devem ocorrer na década de 2020, conforme as profecias.

## CRISE ECONÔMICA E DEPRESSÃO

Na tradução publicada em 2012, na Espanha, *Profecias sobre el fin de los tiempos*, apontei com rara precisão, com ajuda de cálculos matemáticos, a profecia da crise econômica para o ano 2020.

Veja o texto e a nota de rodapé da página 69 em seguida, onde explico que não previ a crise de 2008-2009, como na Alemanha a editora entendeu, mas sim uma crise que iniciará em 2020:

---

[80] Veja também a profecia espírita europeia de 1959 dos dois gêmeos em sequência não longe do ano 2000 incluída no apêndice 3, quando se dá a resposta para quando os eventos catastróficos acontecerão.

- Habrá una crisis económica en Europa y probablemente en el Tercer Mundo antes del estallido de la tercera guerra mundial.[40]

[40] La crisis europea que comenzó tras la aparición del euro probablemente vaya haciéndose más profunda año tras año. Escribí esto antes de la crisis de 2008-2009 y creo que la crisis anunciada se producirá en el año 2020.

Em relação aos fatos, a crise econômica atual é a pior dos últimos 90 anos na maioria dos países (a pior desde a depressão de 1930) e o ano de 2020 foi o pior, em termos econômicos, da Inglaterra, nos últimos 300 anos. No Brasil, foi a pior queda de PIB da história do país. O ano de 2020, portanto, foi definitivamente marcante, globalmente falando, em termos econômicos.

Incluo abaixo, passagens de meu livro publicado em 2012 na Espanha. Parte do livro encontra-se online, em Google Books.

Na pp.82-83: "Antes da terceira guerra mundial haverá uma crise econômica em alguns países. Haverá conflitos civis, que podem estar relacionados com a religião, em alguns países como Italia, França, Espanha, Alemanha e Inglaterra."[81]

Na p. 110. Médium espírita I. Fridmant, 1952: "Você lembra da grande crise de 1929? Um século depois ocorrerá de novo. E será muito pior, porque não será somente econômica."

Na p. 65. "E se, nos próximos anos, você vir Putin se convertendo em Presidente da Rússia por uma segunda vez, talvez por volta de 2012, e de novo uma terceira por volta de 2024 e se, além disso, o mundo passar por uma profunda crise econômica em 2020 , então fique preparado".[82]

---

[81] Protestos antilockdown, alguns com violência, têm ocorrido nos países profetizados em 2020 e 2021.
[82] Em 2021, Putin sancionou uma lei que permite que ele concorra a mais dois mandatos depois do fim da sua gestão atual, que terminaria em 2024.

Apesar de existirem várias profecias sobre doenças e pestes, ar pestilencial etc., inclusive este livro sobre profecias brasileiras cita algumas[83], até o momento não tinha conseguido encaixar essas profecias sobre doenças em nenhum período, exceto por doeças causadas por armas químicas usadas pelos russos em uma guerra futura. Por isso, sempre ignorei profecias sobre doenças ou pestes. Contudo, agora que o COVID-19 surgiu, foi possível associar algumas profecias que parecem ter relação com o coronavírus.

O médium alemão Ludwig Kranz psicografou a seguinte profecia entre 1965 e 1975, citada por Renzo Baschera em seu livro *I grandi di ieri ci parlano del mondo di domani*, traduzido e publicado no Brasil[84], sobre uma peste que chega do Oriente:

"A Europa se tornará uma criatura nova. Mas antes deverá morrer. E morrerá depois de uma breve agonia... Chegará do Oriente uma peste sutil...". O que entendo dessa profecia é a "peste sutil", que pode ser o coronavírus, é a "breve agonia" que antecede à Terceira Guerra Mundial. Nesse caso, seria mais uma indicação que essas catástrofes ocorreriam nos anos 2020.

A médium Sylvia Browne, no livro *End of Days*[85], publicado em 2008, escreveu a seguinte profecia:

"Próximo do ano 2020, uma doença semelhante à pneumonia se espalhará pelo planeta, atacando os pulmões e tubos bronquiais e resistindo a todos os tratamentos conhecidos. Quase mais desconcertante do que a própria doença será o fato que ela desaparecerá

---

[83] Este livro inclui algumas profecias que poderiam ter relação com o Covid-19: a profecia da velha limeira (no início do Apêndice 4), que menciona a praga associada à parada respiratória, a profecia de Ludwig Kranz (na página seguinte) sobre a peste que vem do Oriente, e a de Sylvia Browne (na página seguinte) sobre a doença que afeta os pulmões que chega por volta de 2020, as profecias do *Mirabilis Liber* (no Apêndice 2), de Padre Cícero e do *Corpus Hermeticum* (Apêndice 2) sobre peste no fim dos tempos.

[84] Baschera, Renzo. *Revelações Mediúnicas de Roosevelt, Hitler, Stalin, Churchill, Mussolini*. Rio de Janeiro: Ediouro, 1985

[85] Browne, Sylvia. *End of Days: predictions and prophecies about the end of the world*. Nova Iorque: Signet, 2008

repentinamente tão rapidamente como chegou, atacará novamente dez anos mais tarde e, depois, desaparecerá completamente".

O argentino Benjamin Solari Parravicini (1878-1974), conhecido por fazer psicografias com desenhos premonitórios, chamado de o Nostradamus argentino, fez em 1972 um desenho chamado *Chega a nova era!*, com um ser portando uma espécie de megafoice, associado a um desenho que parece ser do Papa atual, Francisco (veja a nota de rodapé), ilustrado em seguida, onde escreveu a seguinte profecia:

"Chega a nova era! O mundo fantasiado. Baile de máscaras perene". Um dos significados de *mascarada* é um substantivo, baile de máscaras, também na língua portuguesa.

-¡Nueva era llega!-

MUNDU EN DISFRAZ PERENNE

MASCARADA

BSP/72

Sa Iglesia entrezará eu otizamiénté á la renúncia vím del Papado-qel muevo será jóven de ideas.

---

[86] Desenho com psicografia premonitória de Parravicini de 1972: o ser que carrega uma espécie de megafoice, que provavelmente representa a morte, e o mundo fantasiado, associado ao "inicio da nova era", o que lembra a data limite de 2019 de Chico Xavier. Na parte de baixo, a profecia fala de um papa cheio de novas ideias. É o Papa atual, o argentino Papa Francisco. A profecia fala também da renúncia de um Papa e, de fato, o papa anterior, Bento XVI, renunciou. A profecia, cumprida, se refere claramente aos tempos atuais.

O escritor americano James Howard Kunstler, em seu livro *The Long Emergency: Surviving the Converging Catastrophes of the Twenty-first Century*, publicado em 2005, acessando bancos de dados disponíveis no momento da redação do livro, previu uma epidemia do tipo gripal de consquências desastrosas, originada na China, fruto de técnicas de cultivo de bactérias. Ele também previu a depressão econômica, conflitos raciais nos Estados Unidos etc.

## CONFLITOS CIVIS E GUERRAS CIVIS

Após a crise econômica iniciar, escrevi que ocorreriam conflitos civis em muitos países europeus, como Alemanha, França, Inglaterra, Itália etc. que são países considerados sólidos economicamente, onde conflitos civis por questões econômicas pareceriam impossíveis até 2019. Por anos acreditei que a razão desses conflitos provavelmente seria religiosa, disputas entre muçulmanos e cristãos, mas escrevi também que poderia ser outra. Uma das profecias sobre guerra civil diz que poucos meses antes do início da Terceira Guerra Mundial, Paris será queimada por seus próprios habitantes.

Em 2021 e também em 2020, ocorreram protestos anti-lockdown nesses países europeus acima e em outros. Esses conflitos, algumas vezes, estão associados a outras questões, como políticas, raciais, sociais ou econômicas, e nem sempre são estritamente relacionados a lockdown ou a Covid. Em um dos protestos, houve a questão religiosa, mas foi uma exceção. De qualquer forma, de vez em quando, ocorrem conflitos civis entre muçulmanos e cristãos em Paris. Há poucos anos, uma Igreja importante em Bolonha, na Itália, foi depredada por muçulmanos devido a uma pintura medieval dentro da igreja mostrando o demônio com Maomé.

Para minha surpresa, em abril de 2021, os maiores jornais do mundo em circulação, como BBC, DW, O Globo, Folha de São Paulo etc. publicaram um artigo sobre uma carta escrita assinada por mil militares franceses, dos quais, vinte eram generais da reserva, publicada dia 21 de abril em uma revista francesa. Na carta, os generais franceses alertavam sobre o risco de uma "guerra civil sangrenta" que estaria a caminho por causa do extremismo religioso de muçulmanos na França. A carta assinada pelos militares franceses faz afirmações como: "o momento é grave, a França está em perigo" e conclui afirmando que "não é mais hora de adiar, caso contário amanhã a guerra civil acabará em caos e mortes, pelas quais você (Presidente) será responsável, na casa dos milhares".

No Brasil, há poucas profecias sobre guerra civil. Podemos destacar a profecia abaixo, atribuída a Padre Cícero:

"Naqueles dias começará a guerra civil ou consumidora da humanidade. Antes da guerra os povos dirão que há paz e segurança, mas imediatamente sobrevirá repentina destruição. Então se cumprirão as profecias de Isaías e Daniel. O mundo inteiro será esfacelado pela guerra civil, guerra que começará pelas nações civilizadas e cristãs e se estenderá até aos bárbaros".

Há também uma atribuída a Antônio Conselheiro, que diz que o Brasil lutará com o Brasil.


A TERCEIRA GUERRA MUNDIAL


Em seguida aos conflitos, ocorreria a Terceira Guerra Mundial, que começaria na primeira metade dos anos 2020, ou seja, até 2025. É, obviamente possível, que nada aconteça. Como afirmei, fiz cálculos matemáticos básicos, além de interpretar profecias de forma que nunca ninguém antes interpretou em nenhum lugar do mundo. Para dar um exemplo, a mais conhecida profecia de Nostradamus, que menciona 1999, durante séculos tem sido associada por escritores de profecias a um evento catastrófico como início de uma grande guerra final, o fim do mundo etc. Eu a associei a profecia de 1999 a Vladimir Putin e o associei ao Anticristo[87]. No meu livro impresso em 2009 escrevi que ele ficaria no poder até a década de 2020, quando lideraria Terceira Guerra Mundial. Agora, em 2021, ele continua no poder e a Rússia tem mísseis hipersônicos que destroem cidades ou estados inteiros e que o Ocidente não dispõe, que chegam em qualquer cidade na América do Norte ou do Sul em menos de dez minutos, e que no momento, ninguém tem

---

[87] Fiz essa associação depois do ano 2000. Entre os anos 1990 e 1999, interpretei incorretamente que 1999 estava associado ao início de uma guerra mundial. A guerra não iniciou, mas Putin chegou ao poder e esse evento pode estar associado a uma futura grande guerra mundial.

condições de deter. Enfim, se existe um desiquilíbrio militar entre Rússia e o resto do mundo, no momento ele é favorável à Rússia.

Várias vezes Putin vem ameaçando o Ocidente com palavras. No Fórum de Davos, em janeiro de 2021, Putin alertou sobre o risco de uma "guerra de todos contra todos" e comparou a situação política atual à dos anos 1930, pouco antes da Segunda Guerra Mundial. A Ucrânia parece ser no momento o que a Polônia foi na Segunda Guerra Mundial, quando Hitler tentava recuperar terras alemãs e invadiu a Polônia e logo depois, a França e Inglaterra declararam guerra contra a Alemanha. A Rússia quer recuperar a sua influência geopolítica que tinha na época da União Soviética e no momento aponta para a Ucrânia. Recentemente, em 2021, a Rússia expulsou 10 diplomatas americanos. Em abril de 2021, Putin ameaçou novamente o Ocidente alertando que quem ultrapassar as linhas vermelhas que a Rússia estabelecer, "sofrerá uma resposta assimétrica (um ataque muito maior), imediata e grave". "A Rússia estabelecerá os limites em cada caso específico", Putin afirmou. O ano de 2021 não é o primeiro quando Putin ameaça o mundo Ocidental com palavras duras que têm relação com uma possível guerra mundial futura. No final de 2018, ele disse em uma Conferência Anual, quando perguntado para avaliar a ameaça de uma guerra global, que "a ameaça de uma guerra atômica não deve ser subestimada" e "o risco da situação tem sido desprezado", "se ela acontecer, levará ao colapso de toda a civilização e talvez de nosso planeta".

## A GRANDE CATÁSTROFE NATURAL NO FIM DA GUERRA

O que vem depois, de acordo com meus estudos e cálculos matemáticos? Ainda na década de 2020, no fim da Terceira Guerra Mundial, que duraria cerca de três anos e meio, deve acontecer uma grande catástrofe natural, quando ocorrerão os chamados três dias de trevas, terremotos e uma grande inundação. E há uma mudança climática global associada ao evento. Seria o período do sol escuro de Padre Cícero, de acordo com a minha interpretação.

E depois? Quando perguntaram a Einstein como seria a terceira guerra mundial, ele disse que não sabia, mas a quarta seria com paus e pedras. Haverá mudanças, mas grandes mudanças já iniciaram em 2020, com o Covid e continuarão. Há ainda outras mudanças importantes que estão profetizadas com base em meus cálculos para ocorrer nas décadas entre 2030 e 2060. Resumindo, a década de 2020 seria um período que marcaria o início do que foi chamado de Era de Aquário ou o que alguns chamam de nova era que, como tudo neste mundo, terá um início, meio e o "mal irremediável" de Ariano Suassuna, ou seja, o fim, para que outra era recomece em seguida.

Em relação à precisão das profecias, leve em consideração que um indivíduo que sonha com o futuro ou tem uma visão do futuro é como uma pessoa que tenta se lembrar de um evento passado em sua vida. Podemos nos lembrar de eventos que ocorreram há anos em nossas vidas com perfeição, sem perda de informação ou detalhes? Acredito que não. De forma semelhante, percebi que um sonho profético nunca será perfeitamente preciso. Se uma pessoa sonhar com uma inundação, pode ser que ocorra somente uma chuva. Se ela sonhar que virará um mostro, pode ser que ela simplesmente irá envelhecer. Se ela sonhar que há um batuque misterioso, pode ser que esteja sonhando um tempo próximo ao carnaval. Se ela sonhar com um vendaval, pode ser que simplesmente esteja ventando um pouco. Enfim, o que quero dizer é que sonhos ou visões proféticas ou premonitórias nem sempre são precisos e, às vezes, são exagerados. Podem refletir a realidade futura sem ou com exagero. Em seguida, além disso e da autenticidade, há a questão da interpretação, que também nem sempre é precisa. Até mesmo o próprio indivíduo que teve a premonição pode interpretar incorretamente o seu próprio sonho ou a sua própria visão. E depois vêm os outros... e outros sempre aumentam ou mudam um pouco. É como a história que é contada de um para outro, quem conta um conto aumenta um ponto. Enfim, é possível que a minha previsão da catástrofe dos três dias de trevas para os dois XX esteja correta, mas a minha interpretação sobre a década de 2020 associada a essa profecia e a tudo isso esteja incorreta. Assim, a humanidade tem caminhado há milênios, com interpretações erradas de profecias autênticas, quando são autênticas, já que a maioria provavelmente é falsa. Mas apesar de existirem profecias falsas, forjadas por questões políticas, religiosas, financeiras etc. também existem profecias autênticas. O problema é que elas são a minoria, só a ponta do iceberg, porque o ser humano tem uma história sólida de mentiras e falsificação de manuscritos.

Os anos seguintes dirão se a minha matemática ou a minha interpretação estava errada ou não e se a profecia dos dois XX associada à década de 2020 está certa.

O próximo é um print-screen de uma mensagem escrita em relação ao meu livro publicado na Espanha em 2012 e aos anos 2020, em uma pesquisa de David. Está em espanhol, mas acredito que se consiga entender. Como ele diz, comprou o meu livro há alguns anos, que o livro indica 2020 como o início de uma séria depressão econômica. David cita várias outras fontes apontando os anos 2020 como problemáticos. Leve em conta que quando calculei a década de 2020 como a década do fim, eu desconhecia a profecia de data limite de 2019 de Chico Xavier, não tinha entendido a profecia dois XX ou dois VV um para cima e outro para baixo de Frei Vidal, nem tinha entendido a profecia citada no fim do Apêndice 2 que diz que os eventos ocorrerão perto do ano 2000 "quando os dois gêmeos estiverem em sequência", que me parecem agora: a década de 2020. Todas essas três profecias que entendi na década de 2020 associando-as à década de 2020 corroboram os meus cálculos para a década de 2020.

Hace ya años (en 2012) me compré un libro llamado «Profecías sobre el fin de los tiempos» de Fabio Ribeiro de Araujo, editorial Edaf. Y la verdad es que marca 2020 como el inicio de una grandísima depresión económica (en realidad comenzaría a finales de 2019; y en realidad es continuación de la anterior, que ya no se puede aguantar más la deuda), y que un informe del Pentágono a Bush en 2004 (el año que se estrenó «El día de mañana», «The day after Tomorrow») comentaba que una catástrofe natural a escala mundial golpearía el planeta en 2020 así como que Uk tendría clima siberiano a partir de entonces, entre otras cosas. En 2011 me descargué una gráfica donde se ve claramente que a partir de 2019/2020 empieza la caída de la economía y del sistema hasta 2060 y a partir de ahí un nuevo sistema, o nuevo comienzo. Y de paso en noviembre de 2017 me bajé un libro llamado «La Gran Crisis de 2020, el cénit de la civilización». Vamos que sí, esta vez sí que va muy en serio la cosa.

---

[88] Mensagem escrita em 2018 por David em um fórum espanhol citando meu livro publicado na Espanha afirmando que o livro afirma que 2020 marcaria o início de uma grandíssima depressão econômica, citando outras fontes.

# Apêndice 4: pequeno guia de sobrevivência

Chega o inverno[89], três dias de escuridão
Trovões e relâmpagos e o deslizamento de terras.
Reze dentro, não saia de sua casa
E não olhe pela janela!

Só uma vela brilha durante todo o tempo,
Se ela quiser arder, você brilhará
O ar envenenado penetra vindo da noite empoeirada
A pandemia negra, a pior batalha da humanidade.

São as mesmas ameaças para todos os humanos
Mas os bons têm uma morte bem-aventurada
Muitos fiéis permanecem atordoados
Livres da praga e da dificuldade respiratória

Canção da Tília (aprox. 1850)[90]

Há, obviamente, a possibilidade de profecias não se concretizarem. Por outro lado, na hipótese de algum dos eventos profetizados ocorrer, esse pequeno guia poderia vir a ser útil. Dentro da hipotese de profecia

---

[89] Inverno europeu, que correspondente ao nosso verão.

[90] Encontrei em um livro em inglês de meados do século XX escrito por um sacerdote americano como *Canção da Velha Limeira*. Traduzi aqui da versão alemã documentada originalmente em 1920 em Hingerl, Martin: *Staffelberg-Sagen und Der alten Linde Sang von der kommenden Zeit*. Freising 1920, quando foi impressa pela primeira vez, ali chamada de *Canção da tília*. Versões diferentes alteradas foram publicadas depois em alemão. Foi supostamente encontrada na década de 1850 no casco oco de uma tília, perto de um mosteiro perto da pequena cidade Staffelstein (atualmente Bad Staffelstein), Baviera, atual Alemanha. No texto anônimo, a mais antiga das árvores dos reinos alemães "sabe tudo" e revela o "destino do mundo", profetizando sobre guerras, Alemanha, Roma, deslocamento dos polos e uma era de paz de ouro, depois dessas catástrofes.

catastrófica que se concretiza, haveria alguns possíveis cenários que poderiam se tornar realidade no local específico onde você vive. Não sou o primeiro a escrever um guia de sobrevivência. Entre vários outros guias que existem, principalmente na língua inglesa, há cerca de vinte anos conheci um escritor alemão, Karl Leopold von Lichtenfels, que escreveu um abrangente livro sobre isso: *Lexikon der Überlebens*[91], um livro com cerca de 500 páginas que poderia se traduzir como um Manual de Sobrevivência que, desde a sua publicação em 2005 na Alemanha, é um livro apreciado e vende bem. Ele também escreveu um ótimo livro de profecias que anunciavam catástrofes naturais e causadas por pessoas, incluindo sobre os três dias de trevas. O livro *Lexikon der Überlebens* inclui algumas seções que podem ter relação com as catástrofes profetizadas. Algumas informações contidas aqui foram adaptadas das seções desse livro e outras informações eu mesmo incluí.

Em homenagem às pessoas que ridicularizam as profecias, coloquei a musiquinha aí em cima para que se divirtam cantando no momento que considerarem propício.

Este pequeno guia será dedicado à catástrofe natural anunciada nas profecias, sem relação com possíveis efeitos de guerras, como ferimentos causados por tiros ou bombas químicas, já que acredito que a Terceira Guerra mundial também profetizada em vários países não chegará no Brasil ou chegará no final, levando-se em conta a maioria das profecias brasileiras[92], mas o afetará indiretamente causando pobreza e fome.

Caso uma catástrofe com a inundação global e os três dias de escuridão ocorra, suponho que nem todos sentirão os efeitos da catástrofe, já que nem todos serão afetados da mesma forma, apesar de as profecias as anunciarem como globais. Pode ser que os dias de escuridão ocorram somente em locais onde abrirá uma fissura na terra ou próximo a um vulcão ou lago e haja emissão de gases. A inundação afetará diretamente as regiões costeiras ou regiões que afundarem devido aos terremotos. Por exemplo, cidades costeiras como Rio de Janeiro devem ficar sob as águas, exceto os prédios e bairros acima de 50

---

[91] Von Lichtenfels, Karl Leopold. *Lexikon der Überlebens*. Munique: Herbig, 2000.
[92] Padre Cícero fez algumas profecias sobre os russos chegando no Brasil no fim de uma guerra, que poderia ser a próxima, caso a profecia se concretize. Frei Antônio de Pádua previu uma grande guerra envolvendo o Brasil.

metros, como Santa Teresa, Jacarepaguá, Alto da Boa Vista etc. Cidades elevadas como São Paulo, que está a cerca de mil metros acima do nível do mar, se não afundarem ou subirem, não devem ser afetadas por uma inundação causada pelas águas do mar, a não ser que chova em excesso nesses dias também, o que aparece em algumas profecias, e os rios subam e saiam de seu curso. De qualquer forma, prédios parecem ser nesse caso mais seguros do que casas. Obviamente, seria uma catástrofe de grande porte, mas que permitiria a reconstrução semanas ou alguns meses depois para os sobreviventes. Os terremotos atingirão certas regiões do globo com mais intensidade do que outras. O Planalto Central, pode exemplo, é uma região geologicamente estável e deve ser menos propensa a tremores.

TRÊS DIAS DE TREVAS. Antes de mais nada, para tentar identificar quando o período dos três dias de trevas está próximo, observe o céu. Horas antes ou dias antes, você deve observar algo incomum no céu, como o sol e/ou a lua avermelhada, como verá nos casos no final deste apêndice. Se isso acontecer, você deve começar a se preparar imediatamente estocando água e comida para alguns dias, não apenas para três dias. Além disso, meses antes da catástrofe, você deve preparar um cômodo para passar esses dias, de forma que ele fique bem fechado, a prova de arrombamentos, idealmente sem janelas e à prova de terremotos (pelo menos tente). No caso de casas, você deve colocar um papel escuro por dentro, por trás dos vidros nas janelas, para parecer que não tem ninguém. A **primeira dica**, ha hipótese de você vivenciar este fenômeno de emissão de gases previsto, seria ficar em casa em um ambiente bem fechado. Então, antes de mais nada, enquanto há tempo, antes do fenômeno, idealmente, você deveria preparar a sua residência adequadamente para que, quando se trancar nela, fique fechado "hermeticamente". Ficar hermeticamente fechado significa ficar realmente fechado, selado, vedado, de forma que não haja passagem de ar entre dentro e fora, por nenhuma fresta, pelas janelas ou portas ou qualquer outra passagem, inclusive talvez por ralos, que devem ser fechados. Leve em conta que o ar de fora deverá estar contaminado e com alto índice de gás carbônico e gases venenosos. Se o ar envenenado penetrar em sua casa em quantidade maior do que o desejado, provavelmente você morrerá. Então preparar a residência antes da catástrofe é melhor do que durante, mas durante também pode ajudar, por exemplo, se usar panos úmidos para impedir a passagem de ar sob as portas ou nas janelas. Em alguns casos usar silicone nas janelas ou portas ajudaria e poderia ser útil ter um pouco em casa disponível para o caso da necessidade surgir. A **segunda dica** tem relação com o seu comportamento durante o evento de três dias de trevas. Nenhuma porta ou janela deve ser aberta. Como algumas profecias dizem, se alguém chamar de fora da casa, mesmo que seja ou pareça alguém próximo, como o seu próprio filho ou pai, é melhor não abrir, se você quer sobreviver. É complicado escrever não abra a porta para o seu próprio pai ou filho, por isso as profecias falam que "imitarão as vozes deles". Acredito que não seja simplesmente uma imitação, parece ser a forma das profecias "anunciarem" e prepararem para o indivíduo se salvar. O ideal seria não responder nem abrir a porta em muitos casos, mas cada caso é um caso. É um momento em que você tem que refletir e decidir pela sua vida e quem estiver lá fora pode já ter sido comprometido, respirando muito enxofre ou gás carbônico, se o fenômeno já tiver começado. Dependendo do caso, você deve fingir que não há ninguém em casa já que o contrário poderia estimular uma invasão. A **terceira dica** que eu daria é totalmente o contrário do que as profecias estão dizendo para ser feito. Não acenda vela. A vela consome o oxigênio que está dentro da residência e emite gás carbônico e como você estará em uma residência totalmente fechada, isso significa consumir a pequena reserva de oxigênio disponível. Qualquer fogo dentro de uma residência fechada é contraindicado. Se precisar acender uma vela, acenda somente por um curto período. Se tiver lanterna, use lanterna ou luzes de emergência. Será o oxigênio, se houver, que o salvará, não uma vela. A **quarta dica** que poderia ser considerada seria também preventiva e tem relação com manter alguns cilindros de oxigênio em casa ou oxigênio líquido se você tiver condições financeiras para isso. Atualmente um cilindro com 50 litros comprimido de oxigênio, que armazena 10 m3 de oxigênio, ou seja, alguns milhares de litros de oxigênio, custa cerca de 2000 reais e, em alguns casos, poderia ser suficiente para uma pessoa durante três dias, dependendo do fluxo que ela respira. Um adulto sem estar doente em repouso consome em média entre 1 a 6 litros por minuto, o que é um fluxo baixo. Pacientes com dificuldades de respiração podem precisar de mais de 10 litros por minuto. No caso de um consumo baixo, de 2 litros por minuto, um cilindro de 50 litros seria suficiente para cerca de 72 horas, ou seja, três dias. O ideal seria usar a cânula nasal para oxigenoterapia. A cânula permite certa movimentação. Existe ainda o risco de contraindicação, porque concentrações altas de oxigênio (como as presentes nos cilindros) podem causar danos aos pulmões ou resultar em falha respiratória nos predispostos se forem usados por um, dois ou três dias. Nada devem causar se usados por algumas horas então essa é uma medida que tem um certo risco. Obviamente, esse é um caso extremo, e certamente nem todos podem e talvez nem queiram ter cilindros de oxigênio em casa disponíveis para o caso de uma profecia se realizar. Além disso, se você tem dinheiro para comprar cilindros de oxigênio, talvez seja mais fácil vedar bem a casa e talvez construir um cômodo ultra-vedado para o momento. A **quinta dica** tem a ver com eletricidade. É extremamente possível que o fornecimento de energia elétrica seja interrompido neste momento devido aos terremotos. Há uma profecia de origem europeia, se não me falha a memória, que afirma que não haverá luz. Portanto, tome as suas decisões com cuidado levando essa possibilidade em em consideração. Essa é uma dica para uma medida preventiva. Painéis solares não devem funcionar, porque tudo estará escuro, mas se você dispõe de um gerador ou uma alternativa, ótimo. A **sexta dica** também é preventiva e tem relação com o abastecimento e fornecimento de água, gás, alimentos etc. em sua cidade. Provavelmente, depois de uma grande catástrofe como essa, todos os tipos de fornecimento, inclusive de alimentos, serão temporariamente interrompidos. Então, talvez pudesse ser útil ter acesso à água (em poço, água armazenada etc.). Você poderá aguentar alguns dias com o que tiver para comer em sua residência se sobreviver. A outra **dica** tem relação com a criação de animais, como galinhas, vacas etc., que seriam extremamente úteis neste e em qualquer momento onde existe pouco dinheiro ou limitação de distribuição de alimentos, provavelmente os animais morrerão, se você não proteger o local onde eles vivem, para que sobrevivam, da mesma forma como pode preparar a sua residência para que fique hermeticamente fechada, impedindo a penetração de gases. Uma profecia nordestina avisa que de quatro ficarão somente as cadeiras que todos os animais morrerão. Enfim, seria o caso de proteger também os animais. A **oitava dica** também é preventiva e tem relação com absorvedores de gás carbônico. Há três tipos de absorvedores de gás carbônico principais que são a cal sodada, cal baritada e cal de hidróxido de sódio. A cal baritada está em desuso em hospitais devido aos problemas que pode gerar. A cal de hidróxido de cálcio é vantajosa em relação às outras duas devido a não produzir monóxido de carbono, mas tem custo maior e menor capacidade de absorção. A capacidade absortiva máxima da cal sodada é de 26 litros de $CO_2$ por 100 gramas da substância. A capacidade máxima de absorção de cal de hidróxido de cálcio é de 10,2 litros para cada 100 gramas. Ao usar esse método, é necessário verificar a integridade do absorvedor com um corante, violeta de etila, que mede o pH e indica quando a cal está no limite de absorção. Contudo, com a cal sodada, com o passar do tempo, ocorre desativação do indicador e a cal retoma sua cor branca, mesmo já esgotada. Um indivíduo produz aproximadamente 12 a 18 litros por hora de gás carbônico então alguns quilos de cal seriam suficientes para eliminar o gás carbônico produzido por uma pessoa. Dez quilos de cal sodada custam atualmente entre R$ 300 e R$ 500. A **nona dica** também é preventiva e tem relação com o uso de máscaras antigás ou de gases, que poderiam ser úteis em alguns casos. As **dicas seguintes** são dicas que considerei úteis e estão em *Lexikon der Überlebens*, da seção sobre os três dias de escuridão. Verifique se o seu abrigo está preparado e se tem os suprimentos necessários que permitam sobreviver ao período. Ele sugere que você construa um abrigo ou prepare um cômodo dentro de sua casa e deixe-o pronto e ventilado para usar quando necessário. Desligue o gás, a água, eletricidade, enfim tudo. Use pregos para fechar as janelas. Use sacos de areia para reforçar portas e janelas se necessário e impedir que sejam arrombadas. Use fita adesiva, toalhas molhadas, espuma, espuma em spray vedante, para tampar rachaduras e frestas. Feche a cortina. Se tiver poços, cubra os poços, ele indica, com algo plástico, para proteger a água. É importante se preparar para ficar mais de 3 dias fechado, porque o ar venenoso pode ainda estar presente depois dos 3 dias. Não converse com ninguém fora durante esses dias. Use calçados com borracha (isolante). Como você estará com água e alimentos limitados, deve preservar a sua energia. Evite movimentar-se durante esses dias para poupar energia. Durante a catástrofe, coma apenas de alimentos de recipientes fechados.Ele diz que alimentos derivados do leite, leite, pão e alimentos com umidade deverão estragar e deve se preferir enlatados durante esses dias. Você não morrerá se ficar três ou dez dias sem comer, mas não deve ficar três dias sem beber. Tenha confiança e não deixe nenhuma dificuldade causar abatimento. Quando os três dias tiverem passado e estiver silêncio do lado de fora, aguarde ficar claro, olhe por uma fresta para saber se deve sair. Idealmente, por segurança, fique dentro de casa mais alguns dias. Ao abrir e deixar ar externo, tente perceber se o ar tem algum cheiro diferente (enxofre), se irrita o seu trato respiratório, as mucosas ou os

123

olhos. O autor dá as seguintes dicas para o momento pós-trevas: cuidado com construções aparentemente não danificadas pelo terremoto. Após recuperar as suas forças, queimar os corpos de cadáveres de pessoas e animais será uma boa ação para reduzir o risco de transmissão de doenças. Construções abaladas também deverão ser destruídas para evitar que alguém se machuque. Lembre-se, neste momento, não haverá poder público, será cada um por si. Tente se organizar com vizinhos sobreviventes. Não use água de superfície, pois pode ter sido contaminada por emissões vulcânicas.Alimentos frescos, como frutas, do lado de fora também podem ter sido contaminados. Evite cidades grandes, pois deverá haver risco de epidemias. Pode haver tremores de terra nos meses subsequentes.

INUNDAÇÃO. Algumas profecias falam de inundação. A **primeira dica** e a mais importante para se salvar na inundação profetizada é preventiva e seria escolher morar, com base em algumas informações que obtive de um sonho profético, pelo menos a cerca de 40 metros acima do nível do mar, supondo que os dois sonhos no qual me baseio estejam corretos, um meu e um de um italiano que conheci e me contou o sonho que teve há anos sem saber que existem profecias sobre o mesmo assunto. Morar em um prédio pode também ajudar se a sua altura em relação ao nível do mar for acima de cerca de 40 metros. Meça com um altímetro a altitude do local onde você mora. Atualmente existem aplicativos em celular com altímetros. É fundamental também estar longe de represas, porque há uma grande possibilidade de, em um terremoto, que arrebentem. Há profecias e mitos sobre afundamento e levantamento de terras e cientistas do século XX comprovaram que eles podem acontecer durante terremotos. Em alguns lugares, onde não houver afundamento de terras, as águas subirão e depois recuarão. Em quanto tempo recuarão? Talvez essa resposta esteja na própria bíblia, na descrição do mito da criação. As águas recuaram na "criação do mundo" quando o sol é criado após o período de três dias de trevas passado em 7 dias. Se esse importante registro se repetir e refletir o futuro, podemos ter como referência que as águas levarão cerca de 7 dias para recuar[93]. Obviamente, se houver afundamento de terras, a situação é diferente.

---

[93] Em um mito do dilúvio publicado por Alfred Métraux em *Mythes et Contes des Indiens Cayapo*, as águas recuam em dez dias: Métraux, Alfred. Mythes et Contes des Indiens Cayapo. In *Revista do Museu Paulista*. Vol. XII. São Paulo, 1960

Se acreditarmos que pode haver algum fundamento nos sonhos divulgados por Xota-Diabos, em Minas Gerais, alguns montes provavelmente abaixarão em relação ao nível do mar. Locais litorâneos até cerca de 40 metros serão cobertos temporariamente pelas águas. As profecias citam Rio de Janeiro e regiões do Nordeste. Áreas litorâneas e próximas de represas em locais com nomes relacionados a águas provavelmente ficarão sob as águas. O próprio nome do estado poderia indicar uma profecia: Rio de Janeiro, Rio Grande do Sul, Alagoas, Bahia, Rio Grande do Norte, Maranhão (mar que corre em tupi-guarani), Sergipe (significa rio de siris, em tupi), Ceará (significa água verde, segundo Capistrano de Abreu), Pernambuco (significa buraco do mar), Paraíba (significa rio ruim), Piauí (significa rio das piabas), Paraná (significa rio grande), Pará (significa rio-mar em tupi-guarani) etc. **Outra dica** preventiva seria ter um pequeno caiaque ou barco em casa que, dependendo da situação, pode ser útil. Por exemplo, se a sua casa não foi completamente inundada, mas sua cidade foi etc. Talvez poderia ser útil também aprender a nadar, se você não souber, para uso em caso extremo, após o momento inicial, para boiar em caso de necessidade, não para tentar nadar contra a corrente. Uma **dica** durante a inundação, se você estiver de carro ou a pé, é procuirar um lugar elevado e aguardar, como fizeram no tsunami na Ásia há alguns anos. As **dicas seguintes** são dicas que considerei úteis e estão em *Lexikon der Überlebens*, para o caso de terremotos. Algumas delas podem ser usadas para qualquer catástrofe, mas algumas só para pequenas inundações. Se você estiver em casa, desligue a luz e a eletricidade. Coloque sacos de areia atrás das portas para as águas não arrombarem as portas. Use luzes de emergência e lanternas. Tente ouvir notícias de rádio. Dependendo da construção e da altura da água fora, a pressão da água pode causar o desabamento das paredes e levar a casa ao solo. Em último caso, procure ficar no teto da construção. Se a água chegar até o teto, improvise. Tente usar algo que possa usar como barco ou servir de apoio para você boiar vários dias, como um pedaço de madeira. Há pessoas que se salvaram em naufrágios agarrados a um barril de madeira e passaram vários dias no mar. Um dos mais famosos foi Cristóvão Colombo, que naufragou e sobreviveu após passar dias agarrado a um remo no mar até chegar às costas de Portugal quase morto[94]. Se houver disponível, use roupa para mergulho ou surfe para proteger do frio.

---

[94] Nos anos 1470, Colombo naufragou após seus navios terem sido atacados e

TERREMOTOS. Esta seção é inspirada (adaptada) do livro *Lexikon der Überlebens*. As primeiras dicas que autor dá tem relação com os momentos antes do terremoto. A **primeira dica** é observar os animais. De fato, historicamente, os animais se comportam de forma incomum antes de terremotos e, possivelmente, grandes catástrofes. Existem, até mesmo, um número razoável de profecias e de lendas associadas a essas catástrofes mitológicas e profetizadas mencionando também o comportamento estranho dos animais antes da catástrofe. Eu omiti isso nas profecias e lendas, mas não aqui. A **segunda dica** é ouvir o trovão e prestar atenção aos sinais previstos para tentar identificar quando o terremoto deve começar. Se você conseguir detectar que ele deve começar em breve e estiver em casa, afaste-se de móveis pesados ou objetos suspensos que podem virar e cair sobre você. Idealmente, mova todos para um canto da casa e evite esse canto. O mesmo deve ser feito com objetos quebráveis, como os de vidro. Se tiver tempo, passe fita adesiva em portas de móveis. O autor dá a dica para sair da casa ou prédio sempre que possível e ir para a rua. Isso não será uma boa ideia se houver gases venenosos do lado de fora. Outra dica que o autor dá é que áreas construídas subterrâneas, como porões, estacionamentos subterrâneos e estações de metrô costumam ser mais seguros, mas igualmente, se o ar externo estiver envenenado, somente um porão subterrâneo em sua casa construído adequadamente poderia ser útil. Uma outra dica dada pode não se aplicar se o ar externo estiver venenoso: deitar no chão ou solo em um lugar externo, fora da casa. Esta

---

queimados por um pirata também chamado Colombo nas costas de Portugal. Lançado ao mar, sobreviveu agarrado a um remo durante dias e chegou a uma praia de Portugal exausto, onde o genovês foi bem tratado e, após se recuperar, conseguiu trabalho em uma espécie de departamento secreto de Portugal, que colecionava mapas antigos e tinha mapas mostrando detalhes cartográficos das Américas e do Brasil. Após viver cerca de dez anos em Portugal, criou o projeto de viagem que levou ao "descobrimento" da América. O registro desse acontecimento encontra-se em uma biografia escrita por Fernando de las Casas, filho de Colombo. É possível que outros povos tenham estado aqui, eu arriscaria a dizer que esses mapas foram traçados pelos chineses, que por volta dos anos 1100 tinham navios semelhantes aos que os ingleses só viriam a ter nos anos 1700. Pesquisadores brasileiros liderados pelo acadêmico Mark Hubbe publicaram recentemente um artigo na revista especializada *Plos One* onde mostram que houve pelo menos duas ondas migratórias vindas da Ásia em períodos diferentes em um passado mais distante.

**terceira dica** pode ser útil. Se o terremoto ocorrer enquanto você estiver dirigindo, fique no carro. Tente ficar com o ar-condicionado desligado ou desative a circulação externa e fique com os vidros fechados para não haver circulação de ar com o ar exterior. A **quarta dica** é de comportamento no momento: se afastar de janelas, portas ou painéis de vidro, espelhos etc. porque, assim como os objetos de vidro, podem quebrar em um terremoto. A **quinta dica** é para detectar danos e tentar encontrar uma forma de solucionar o problema. Por exemplo, se houver um vidro quebrado se o ar externo estiver envenenado isso poderá ser um problema sério. Tente impedir a entrada de ar neste caso com panos, uma tábua, cole com silicone se for possível etc. As próximas dicas têm relação com o momento pós-terremoto. A **sexta dica** é prestar atenção a odor de gás e tentar solucionar a questão se há vazamento devido a um rompimento de tubulação. A **sétima dica** é importante: se houver um terremoto, pode haver outros tremores posteriores menores logo em seguida, então esteja preparado para eles. Normalmente eles ocorrem dentro de 48 horas após o primeiro. A **oitava dica** é para abrir recipientes com cuidado, pois dependendo dos recipientes, podem explodir contra você depois de um tremor. A **nona dica** é para ter cuidado com animais de estimação logo depois de um terremoto porque, às vezes, os terremotos os deixa anormalmente agressivos. A **décima dica** serve para qualquer situação pós-catástrofe onde haja uma grande mortandade e ausência do poder público para fornecer ajuda imediata. Os cadáveres precisam ser enterrados mesmo que em uma vala comum para evitar o surgimento de uma epidemia. Atenção aos próximos meses, pois pode haver tremores de terra nos meses subsequentes.

ABAIXAMENTO E ELEVAÇÃO DE SOLO. Não há muitas dicas aqui a fornecer em relação a isso, a não ser seguir conselhos das profecias em relação aos locais, sempre que houver indicação. Os locais avisados devem inundar e alguns abaixarão e poderão ficar submersos. A questão de abaixamento e levantamento de terras é comum em terremotos fortes. Portanto, não ache as profecias que anunciam que montanhas descerão e o fundo do mar subirá um absurdo, porque levantamento e abaixamento de terras já ocorreram no planeta várias vezes no passado e já foram detectados e comprovados com fotos pela primeira na década de 1960, se não me engano, em terremotos fortes. Não há profecias sobre o abaixamento da cidade de São Paulo, mas há profecias sobre o abaixamento dos montes de Minas Gerais, que são as profecias do Padre

Xota-Diabos, que as conseguiu com a confissão de alguém que teve sonhos. Se isso vai acontecer é outra coisa, mas é um sinal de possibilidade. O Planalto Central é uma região geologicamente muito sólida e nenhuma profecia fala que ela afundará e como ali existe um raro inseto que só sobrevive em locais muito secos, parece ser um dos locais mais seguros do Brasil para se passar pela inundação e pelos terremotos previstos. Então a **dica** que eu daria aqui é estar em locais centenas de metros acima do nível do mar. Se houver uma cidade próxima à sua bem acima do nível do mar em relação à sua atual, ela pode ser mais indicada também.

FOME. A dificuldade de obter alimentos e água potável pode se tornar generalizada em momentos depois da catástrofe. Em relação ao momento pós-catástrofe, a primeira **dica** seria lembrar que o abastecimento de água deve ser interrompido e você precisará de uma quantidade razoável de garrafas de água em estoque para sobreviver por talvez um mês ou mais ou ter acesso à água, como em um poço ou fonte de água subterrânea. A **segunda dica** que poderia ser útil seria criar animais como galinhas: são animais pequenos e fáceis de manter e além disso, a produção costuma ser diária, já que cada galinha costuma colocar um ovo por dia. Isso significa que quatro galinhas vivas e felizes podem ajudar a manter uma pequena família viva por algum tempo se você tem água para beber, que também pode ser recolhida de chuva. Um ovo tem uma pequena parte do que uma pessoa precisa em termos de calorias, carboidratos, proteínas etc. mas é melhor do que nada durante alguns dias. Lembre-se que dependendo de sua situação você pode não ter gás nem eletricidade durante um período de tempo. Os animais, galinhas ou outros, precisariam viver em um local onde poderiam sobreviver após a emissão de gases do interior do planeta. Uma outra **dica** poderia ser cultivar uma pequena horta, dentro de casa, como uma horta hidropônica, ou fora de casa, como uma horta normal.

EFEITO DOS GASES. O dióxido de carbono (gás carbônico), em quantidade alta, superior a 30% do ar, pode causar inconsciência quase instantânea, em segundos, e parada respiratória em menos de um minuto, dependendo da quantidade. Após alguns minutos de apneia, a parada circulatória ocorre. Entretanto, pode haver outros gases no ar que podem causar queimaduras, inclusive internas. Existe a possibilidade de uma pessoa ser afetada pelos gases e não morrer. Nesse caso, idealmente, a pessoa precisaria de ajuda médica imediata, dentro do possível. Obviamente, isso pode não ser possível em uma catástrofe de grande porte.

Agora vamos analisar alguns casos reais sobre a emissão de gás carbônico ou com escuridão associada que causou a morte de pessoas e animais e tentar tirar algo dessas histórias reais e ver até que ponto se parecem com os mitos e profecias sobre os três dias de trevas.

CASO 1. REPÚBLICA DOS CAMARÕES, agosto 1986

Na República dos Camarões, em 21 de agosto de 1986 ocorreu a segunda erupção límnica registrada até hoje, que é um tipo raro de catástrofe natural. O evento catastrófico ocorreu próximo de um vilarejo que era habitado por pouco mais de dois mil habitantes e atingiu três vilarejos. Um dos poucos sobreviventes contou que pouco antes do acontecimento foi ouvido um som muito forte como de trovões. Perto daquele vilarejo há um grande lago, o lago Nyos. O que ninguém sabia é que aquele lago liberaria, em uma noite de agosto de 1986, gases venenosos com uma enorme quantidade de dióxido de carbono, mais conhecido como gás carbônico. Pouco depois que o rumor semelhante ao trovão soou, os gases foram liberados do lago. Transportados pelo vento, os gases foram matando as pessoas e animais que estavam ao ar livre e os que estavam em suas casas com janelas e portas abertas. Alguns acreditaram que foi um castigo divino. Foram poucos sobreviventes os que, no momento do "castigo divino", estavam em suas casas fechados em cômodos com portas e janelas fechadas dormindo ou não e assim não respiraram profundamente os gases.

Assim, sobreviveram os que não tiveram contato com o ar externo no momento da passagem dos gases venenosos. A morte pelo sufocamento com dióxido de carbono pode ser praticamente imperceptível. Uma mulher morreu de pé cozinhando, e assim permaneceu, enquanto tinha em sua mão a mesma colher que mexia em uma panela e a impressão era como se ainda estivesse viva, mas tinha se transformado em uma espécie de estátua, um monumento à catástrofe que causa a morte imperceptível em alguns casos. A mulher não percebia o que ocorria conforme respirava o ar alterado, continuava as suas atividades normalmente e morria sem oxigênio no cérebro, sentindo talvez uma tontura quase imperceptível. Uma criança, filho de

129

outro sobrevivente, entrou correndo no quarto do pai, abriu a porta e disse "venha ver papai, estão todos morrendo" e imediatamente caiu aparentemente morta. O pai, por estar dentro do quarto com janela e porta fechada, sobreviveu. Em um raio de 25 quilômetros do lago, cerca de 1750 pessoas morreram e milhares de animais perderam a vida asfixiados pelas centenas de milhares de toneladas de gás carbônico lançados no ar naquela noite. Um sobrevivente relatou o que sentiu:

"Eu não conseguia falar. Perdi a consciência. Não podia abrir minha boca porque respirava algo horrível. Ouvi minha filha roncando de uma forma muito anormal, terrível. Quando fui até a cama de minha filha... caí. Fiquei ali até o dia seguinte, às 9h da manhã... até que um amigo veio e bateu na porta... fiquei surpreso ao ver que minhas calças estavam vermelhas, com algumas manchas parecendo mel... meus braços tinham feridas... eu não sei como elas apareceram.... eu abri a porta, queria falar, mas nada saía... minha filha estava morta.... fui até a cama de minha filha, pensando que ela estava dormindo. Dormi até às 4:30h da tarde... então consegui me levantar e ir até as casas de meus vizinhos. Estavam todos mortos."

Após a erupção, sobreviventes foram tratados em um hospital local e, conforme um artigo da BBC da época conta, um médico local afirmou que, além de gás carbônico, eles foram envenenados com hidrogênio e enxofre. O envenenamento por esses gases pode levar a dores semelhantes a queimamento e a um sentimento semelhante a estar sendo estrangulado.

Em um dos três vilarejos atingidos pelos gases, todos os habitantes morreram.

A primeira erupção límnica registrada, muito mais fraca do que a segunda, acima descrita, ocorreu na República dos Camarões em 15 de agosto de 1984, em outro lago, o lago Monoun, onde 37 pessoas perderam a vida. As nuvens se dissiparam em cerca de 4 horas. Também foram observadas queimaduras de primeiro grau na pele das pessoas, devido a gases venenosos não identificados.

CASO 2. MONTE PINATUBO, FILIPINAS, junho 1991

Entre os dias 7 a 12 de junho de 1991, houve várias erupções no Monte Pinatubo, nas Filipinas, mas no dia 15 aconteceu a mais forte, que é considerada a segunda mais forte do século XX e a poeira e fumaça expelidas impediram a passagem da luz solar. A quantidade de fumo expelido pelo vulcão foi tão grande que o dia virou noite, conforme atestam filmes feitos no local. Nuvens piroclásticas enormes levaram a morte por onde passaram. Apesar de os moradores terem sido avisados a tempo e removidos, a catástrofe causou a morte de cerca de mil pessoas. O vulcão estava inativo há 600 anos, mas cerca de um ano antes houve um terremoto a cerca de 100 quilômetros de Pinatubo e, nos momentos de erupções, seus tremores foram percebidos em até 80 quilômetros do local. Mais de 600 mil pessoas perderam suas residências e 80 mil hectares de solo fértil desapareceram. O material lançado na atmosfera circundou o planeta em três semanas, incluindo cerca de 20 milhões de toneladas de de dióxido de enxofre, gás incolor e altamente tóxico, cobrindo cerca de 42% do planeta dois meses depois da erupção.

CASO 3. CARIBE, maio de 1902

Em 8 de maio de 1902, um vulcão considerado extinto arrasou uma cidade no Caribe, Saint-Pierre, na ilha de Martinica, no que foi a maior catástrofe vulcânica do século XX. Gases, fumaça e lava tiraram a vida de quase todos os 28.000 habitantes da capital, Sant-Pierre, em poucos minutos. Estima-se que morreram entre 28.000 e 40.000 pessoas e só três pessoas na cidade sobreviveram. Um dos sobreviventes foi Ludger Sylbaris, que foi preso na noite anterior, por ter se envolvido em uma briga em um bar. Ludger estava preso em uma cela solitária parcialmente subterrânea, sem janelas e à prova de bombas. A cela só tinha uma pequena abertura para passar ar, que estava voltada para o lado oposto do vulcão. Por isso, não foi intoxicado pelos gases liberados pelo vulcão e não morreu sufocado. De acordo com o relato dele, no horário do café da manhã no mesmo dia, horas antes da erupção, o céu ficou muito escuro. Os outros dois sobreviventes não foram atingidos pelos gases e pela erupção devido à distância e à fuga. Uma das sobreviventes foi Havivra da Ifrile, que sobreviveu porque correu e entrou em uma caverna. O outro sobrevivente foi Léon Compère-Léandre. Este é o seu relato sobre a catástrofe:

"Senti um vento terrível soprando. A terra começou a tremer e o céu repentinamente escureceu. Eu me virei para entrar em casa e com grande dificuldade subi os três ou quatro degraus que me separavam do meu quarto e senti meus braços e pernas queimando e também meu corpo. Eu caí sobre uma mesa. Naquele momento quatro outros procuraram refúgio no meu quarto, chorando e com dificuldade de movimentação e com dores, apesar de suas roupas não demonstrarem sinais de terem sido tocadas pelas chamas. Depois de dez minutos, uma dessas, a jovem Delavaud, com cerca de 10 anos, caiu morta, e os outros saíram. Eu me levantei e fui para outro cômodo, onde encontrei o pai da família Delavaud, vestido e deitado na cama, morto. Ele estava roxo e inchado, mas suas roupas estavam intactas. Perturbado e quase me entregando, me joguei em uma cama e aguardei a morte. Meus sentidos voltaram em talvez uma hora, quando vi o teto em chamas. Com o que me restava de forças, minhas pernas sangrando e coberto de queimaduras, fugi para Fonds-Saint-Denis, a seis quilômetros de Saint-Pierre".

CASO 4. POMPEIA, 79

Com base na contagem de residências após trabalhos arqueológicos, se identificou que Pompeia era o lar de cerca de 11.000 pessoas, quando o vulcão Vesúvio entrou em erupção cobrindo o ar com cinzas, mas permitiu que grande parte dos habitantes escapasse. Somente restos de pouco mais de 1.000 cadáveres foram encontrados.

Plínio o Jovem, cujo tio morreu tentando resgatar sobreviventes, forneceu um relato de primeira mão do fenômeno, relatou a gigante emissão de gases e cinzas na erupção do Vesúvio da seguinte forma: "Então o dia se transformou em noite".

Um enigma por um tempo foi que não encontraram traços de lava após a erupção. As pessoas morreram queimadas pelas cinzas, que transformaram o dia em noite e queimaram as pessoas, ou por respirar os gases venenosos que saíram do vulcão.

CASO 5. EUROPA E ÁSIA, anos 535 e 536

Em 2018, o acadêmico e historiador Michael McCormick chamou o ano 536 do pior ano para se viver na história por causa de condições climáticas extremas que fizeram a temperatura média cair na Europa e no Oriente (na China nevou no verão) e resultar em queda na produção agrícola em todo o planeta e grande fome por cerca de um ano. Na visão desse historiador, esse ano foi pior que os anos da Peste Negra na Europa e os anos da Primeira e Segunda Guerra Mundial. Há registros de nuvens ou uma neblina densa e seca na Europa e na China que duraram cerca de 18 meses, que teria sido aparentemente a responsável por essa queda de temperatura, mas nunca se soube a razão. Recentemente, devido a análises ultraprecisas feitas nas úlimas três décadas em estudos em anéis de árvores antigas e gelo, se sabe que as nuvens existiram possivelmente devido a uma grande erupção vulcânica. Não se sabe qual vulcão teria causado isso. Para alguns acadêmicos, tudo se originou na Islândia, para outros na Nova Guiné, no Krakatoa etc. A neblina global poderia também ter sido causada por emissões de gases do lago Ilopango, em El Savador. Como publicado em um artigo da *National Geographic* de 2019, de M. Gresho, alguns especialistas acreditam que a erupção no lago Ilopango no século VI teria sido a pior erupção vulcânica dos últimos sete mil anos. Mitos surgiram para explicar o evento. As consequências econômicas afetaram a Europa durante cerca de cem anos. Enfim, caso ocorram como profetizados, podemos perceber que os três dias de escuridão poderiam ter relação com uma enorme erupção de vulcões ou gases emitidos de lagos, considerados inativos e situados em qualquer parte do planeta.

## CASO 6: AMÉRICA DO NORTE, ano 1780

No dia 19 de maio de 1780 ocorreu um fenômeno estranho na América do Norte, no norte dos Estados Unidos e em parte do Canadá. Uma testemunha ocular desta época o descreveu assim:

"Pela manhã o sol surgiu radiante como sempre, porém logo encobriu-se o seu disco. As nuvens se condensaram, no seu bojo riscavam os raios e soou o trovão, caindo em seguida uma pequena chuva. Pelas nove horas, as nuvens se adelgaçaram, assumindo um tom acobreado. Na terra, nos montes, nas águas e nos homens, se refletia uma luz estranha e extra-terrestre. Passados alguns minutos, uma nuvem negra e pesada cobriu todo o céu, ficando apenas uma pequena faixa mais clara no horizonte. A escuridão era como a das nove horas da noite, nos dias de verão. A extensão dessa escuridão foi extraordinária. (...) a escuridão da noite era descomunal e lúgubre, embora se estivesse na lua cheia, não era possível distinguir os objetos sem luz artificial. Depois de meia-noite, as trevas se desvaneceram, e a lua, ao aparecer, tinha a aparência de sangue".

Em inglês esse dia ficou conhecido como *Day Dark*, ou o dia escuro. Em alguns lugares, como nas proximidades de Boston, a escuridão começou de manhã e acabou na mesma noite, mas em outros lugares, foi mais intensa e acabou na noite do dia seguinte, como relata o *Webster's Dictionary*, edição de 1869. Uma testemunha relatou que havia um forte cheiro de queimado no ar e que a água da chuva era acompanhada por pequenas partes de folhas queimadas e por cinzas. Em alguns lugares foram observadas cinzas caindo em grande quantidade. Alguns dias antes do *Dark Day*, o sol foi visto avermelhado em parte dos Estados Unidos e o céu parecia amarelado. Quando a noite caiu, observou-se que a lua estava vermelha. Algumas testemunhas descreveram que a lua tinha cor de sangue. Alguns outros sinais que algumas testemunhas oculares relataram que ocorreram alguns dias antes do evento foram: o clima estava exageradamente quente e um tom rosado no sol foi observado. Um "ar extraordinariamente espesso" também foi observado durante alguns dias antes do evento pelo juiz Samuel Phillips Savage de Weston. Além disso, o sol parecia nascer e se por "muito vermelho". Alguns também notaram a lua avermelhada na noite anterior. O jornal *Boston Gazette* afirmou na época que "o hemisfério foi enormemente escurecido durante alguns dias com fumaça e vapor, de forma que o sol e a lua apareciam anormalmente vermelhos". Quando tudo escureceu, boa parte da população se perguntava se o momento do Julgamento Final estava próximo. Ninguém nunca soube exatamente o que causou a escuridão. Jornais na época atribuíram a escuridão a queimadas e alguns acadêmicos ainda acreditam que as queimadas foram responsáveis.[95]

---

[95] A queda do céu e o choque dos astros presentes em mitos e algumas profecias associadas à escuridão poderiam ter relação com as descargas elétricas na forma de raios que ocorrem em algumas erupções vulcânicas, em dias sem chuva, associadas à escuridão. Profecias sobre demônios e monstros soltos nesses três dias, às vezes imitando as vozes de conhecidos, serviriam para que a pessoa se mantenha trancada em sua casa, não importa quem bata na porta.

## CASO 7: KRAKATOA, 1883

A erupção do Krakatoa começou em 20 de maio de 1883, atingindo o pico em 27 de agosto de 1883. Essa foi uma das piores erupções registradas na história. As explosões foram tão fortes que foram ouvidas a cerca de 5.000 quilômetros de distância. Se ela tivesse ocorrido na Venezuela, no norte da América do Sul, por exemplo, teria sido ouvida em grande parte dos Estados Unidos, em todo o Brasil e chegado até Buenos Aires, na Argentina. Dezenas de milhares de pessoas morreram devido às erupções e aos tsunamis que vieram em seguida.Nos anos anteriores a 1883, houve atividade sísmica até que, em 16 de junho 1883, houve explosões altíssimas acompanhadas por nuvens negras, que cobriram a ilha até que ventos dissipassem as nuvens cinco dias depois. O mês de agosto foi ainda mais intenso, quando ocorreram várias explosões enormes, sendo a terceira erupção do dia 27 de agosto considerada o maior barulho já ouvido na história. O céu ficou escuro e a luz solar reapareceu dois dias depois. A maior parte da ilha afundou no mar e desapareceu. A erupção injetou uma quantidade enorme de dióxido de enxofre na estratosfera, que foi transportada por ventos, se espalhando por todo o planeta.

## CASO 8: MONTE TAMBORA, INDONÉSIA. 1815

As erupções do Monte Tambora estão entre as maiores já registradas e causaram aproximadamente 100.000 mortes, a maior parte por causa de fome e epidemias depois da catástrofe. Às 7h da noite do dia 10 de abril de 1815, o Monte Tambora entrou em erupção mais uma vez, dessa vez com mais violência. Todas as casas dos vilarejos locais foram destruídas. No dia seguinte, 11 de abril de 1815, o capitão do navio Benares, que navegava distante do local, relatou o que viu, após houver barulhos enormes durante a noite, que muitos residentes confundiram com tiros de canhão: "por volta das oito da manhã, estava muito claro que um fenômeno extraordinário tinha ocorrido. O céu ao sul e ao oeste tinha assumido um aspecto tenebroso, e estava muito mais escuro do que quando o sol nasceu". Rapidamente, o horizonte ficou com um brilho avermelhado, que se espalhou pelo céu. "Por volta das dez horas, estava tão escuro que eu quase não podia discernir o que era o meu navio e o que era a praia, que estava a menos de uma milha". As cinzas começaram a cair no convés do navio e, uma hora depois, todo o céu estava parcialmente escuro. O capitão escreveu que a cena era "assustadora e alarmante". Por volta de meio-dia, as trevas eram completas e as cinzas cobriam todo o navio. O capitão disse que estava mais escuro do que qualquer noite e era impossível ver a própria mão quando colocada perto dos olhos. Às seis da manhã no dia seguinte ainda não havia sol. Por volta de meio-dia, a luz começou a reaparecer, mas o capitão notou que "nos três dias que se seguiram, a atmosfera continuou muito espessa e escura por causa das cinzas que permaneciam suspensas no ar, os raios de sol penetravam pouco"[96]. A escuridão, como a de um eclipse, total ou parcial, dependendo da proximidade do local, foi observada até em locais a mais de 1200 quilômetros de distância do local da erupção. Essas erupções e outras que ocorreram entre 1812 e 1815 fizeram com que 1816 fosse mais frio do que o normal e ficasse conhecido como "o ano sem verão", já que locais em todo o mundo tiveram uma pequena redução de temperatura. Há pesquisas que mostram que, por isso, 1816 deu origem à várias obras sinistras, na literatura, nas artes etc. Uma delas teria sido *Frankenstein*. Acredita-se que as erupções lançaram na atmosfera entre 10 e 120 milhões de toneladas de dióxido de enxofre.

Concluindo, as profecias e os mitos sobre os três dias de trevas provavelmente têm alguma relação com uma erupção vulcânica e suas consequências. Cinzas vulcânicas são feitas de pequenos fragmentos de rocha, minerais e vidro vulcânico. Diferente da cinza mole criada ao se queimar madeira, a cinza vulcânica é dura e, geralmente, as partículas de cinza vulcânica têm 2 mm ou menos. Quanto menor a partícula, mais longe pode ser levada pelo vento. A erupção de 2008 de Chaitén no Pacífico chileno produziu partículas que chegaram até o Oceano Atlântico na Argentina. O sufocamento causado pela respiração de cinzas vulcânicas, que podem subir centenas de quilômetros em uma erupção, é a morte mais comum causada por uma erupção vulcânica. Além das cinzas vulcânicas, um vulcão pode lançar gases vulcânicos na atmosfera, como o dióxido de enxofre, que combinado com peróxido de hidrogênio, se transforma em milhões de toneladas de ácido sulfúrico, que suspensas em minipartículas, podem circular todo o planeta até cair em uma chuva. Os raios e trovões que ocorrem em nuvens vulcânicas

---

[96] Relato do capitão retirado de: Klingaman, William; Klingaman, Nicholas. *The year without Summer: 1816 and the volcano that darkened the world and changed history*. Nova Iorque: St. Martin's Press, 2013

ainda são debatidos por cientistas, que tentam entender como eles são criados.

# Índice Remissivo

# Bibliografia[97]

Afonso, Germano B. Saberes astronômicos dos Tupinambás do Maranhão. In: *64ª Reunião Anual da SBPC*. São Luís: SBPC, julho/2012

Aguiar, Rodrigo L. Simas. Profecias apocalípticas na Cosmologia Mbya-Guarani. In *Mediações*. Londrina, v. 18, n. 1, p.244-256. Jan/jun 2013

Anônimo. *Las Profecias en Relacion al Estado Actual y al Destino Futuro del Mundo*. Lérida: Imprenta de M. Carruez, 1871

Araujo, Fabio Ribeiro de. *Prophezeiungen über das Ende der Welt*. Rottenburg: Kopp, 2009

Armond, Edgard. *Os Exilados da Capela*. São Paulo: Aliança, 1995

Baldus, Herbert. *Ensaios de Etnologia Brasileira*. São Paulo: Companhia Editora Nacional, 1937

Barroso, Gustavo. *Mythes, Contes et Légendes des Indiens: Folk-lore Brésilien*. Paris: Ferroud, 1930

Baschera, Renzo. *I grandi di ieri ci parlano del mondo di domani*. Padova: MEB, 1995

Bouché-Leclercq, A. *Histoire de la Divination dans l'Antiquité*. Paris: Ernest Leroux, 1880

Bricon, E. *Mirabilis Liber*. Paris: Librairie catholique d'Edouard Bricon. 1831

Browne, Sylvia. *End of Days: predictions and prophecies about the end of the world*. Nova Iorque: Signet, 2008

Campina, Maria da Conceição Lopes. *Voz do Padre Cícero e outras memórias*. São Paulo: Ed. Paulinas, 1985

Carrilo, Carlos Alberto. *Memória da Justiça Brasileira, volume 1, Do Condado Portucalense a D. João de Bragança*. Salvador: Tribunal de Justiça da Bahia, 2003.

Cascudo, Luís Câmara. *Dicionário do Folclore Brasileiro*. Rio de Janeiro: Instituto Nacional do Livro, 1962

Correia da Silva, José. *O Aracati que eu vivi*. Queima-bucha, 2011

Cotrin, Dario. *Revista do Instituto Histórico e Geográfico de Montes Claros*. Montes Claros: Instituto Histórico e Geográfico de Montes Claros. Volume XVIII, 1º semestre de 2017

Cunha, Euclides: *Os Sertões*. São Paulo: Três, 1984

---

[97] Nem todas as obras foram citadas.

Cury, Toninho. *Diário da Região*. Artigo publicado neste jornal em 25 de agosto de 1999

Dantas, Francisco Renato Sousa. Lendas e mitos de Juazeiro e do Cariri. In *Boletim do Instituto Cultural do Vale Caririens*. n. 3, p. 32-37. Juazeiro do Norte, CE: 1976.

Ehrenreich, Paul. *Die Mythen und Legenden der südamerikanischen Urvölker und ihre Beziehungen zu denen Nordamerikas und der alten Welt*. Berlin: Verlag von A. Asher & Co., 1905

Fayad, Açor. *O Terceiro Milênio*. São Paulo: Nova Era, 1956

Fernandes, Diamantino Coelho. *Corolarium*. Rio de Janeiro: Freitas Bastos, 1968

Fernandes, Diamantino Coelho. *Vida Nova*. Rio de Janeiro: Freitas Bastos, 1967

Figueiredo Filho, José. *Folclore do Cariri*. Fortaleza: Imprensa Universitária do Ceará, 1960

Godoy, Márcio Honório. Publicado em *Revista USP*. São Paulo. Nº 96. P. 110-123. Dezembro/Fevereiro 2012-2013

Hoornaert, Eduardo. *Crônica das Casas de Caridade fundadas pelo Padre Ibiapina*. Fortaleza: SCECE, 2006

Hoornaert, Eduardo (coord.) *História da Igreja no Brasil*. Petrópolis: Vozes, 1977

Hingerl, Martin: *Staffelberg-Sagen und Der alten Linde Sang von der kommenden Zeit*. Freising 1920

Jamam. *O fim dos tempos*. São Paulo: Madras, 1996

Kopenawa, Davi. *A queda do céu: palavras de um xamã yanomami*. Rio de Janeiro: Companhia das Letras, 2015

Maes, Hercílio. *Mensagens do Astral*. Rio de Janeiro: Freitas Bastos, 1989

Maria, Júlio. *O Fim do Mundo está Próximo?, Prophecias Antigas e Recentes*. Rio de Janeiro: Livraria Boa Imprensa, 1939

Métraux, A. *A religião dos tupinambás*. São Paulo: Companhia Editora Nacional, 1950

Métraux, Alfred. *A religião dos Tupinambás e suas relações com as demais tribos tupi-guaranis*. São Paulo: Companhia Editora Nacional, 1979

Mitos Indígenas Inéditos na obra de Curt Nimuendaju. *Revista do Patrimônio Histórico Artístico e Nacional*. Nº 21. 1986.

Mott, Luiz: Rosa Egipcíaca: Uma Santa Africana no Brasil Colonial. *Cadernos IHU ideias*. Ano 3 - nº 38. São Leopoldo: Universidade do Vale do Rio dos Sinos (Unisinos), 2005

Pìerri, Daniel Calazans. Como acabará essa terra? Reflexões sobre a cataclismologia Guarani-Mbya, à luz da obra de Nimuendajú. In *Tellus*. N. 24, jan./jun. 2013. Campo Grande: UCDB, 2013

Queiroz, Maurício Vinhas de. Cargo Cult na Amazônia – observações sobre o milenarismo Tukuna. In: *Revista América Latina*. Rio de Janeiro, 1963, ano VI, n. 4, pp. 43-61.

Ramos, Francisco Régis Lopes. (Org) *História, Memória e Historiografia*. Coleção História e Historiografia. VI Seminário Internacional História e Historiografia. Sobral, CE: Sertão Cult, 2020.

Rodrigues, João Barbosa. *Poranduba Amazonense*. Rio de Janeiro: Typ. de G. Leuzinger & Filhos. 1890.

Thevet, André. *Cosmographie Universelle*. Paris: Chez Pierre L'Huillier, 1575

Unkel, Curt Nimuendaju. *As Lendas da Criação e Destruição do Mundo*. São Paulo: Edusp, 1987

Van der Poel, Francisco. *Dicionário de religiosidade popular*. Curitiba: Nossa Cultura, 2013

Vasconcelos, Simão. *Vida do Venerável Padre Joseph de Anchieta, da Companhia de Jesu, Taumaturgo do Novo Mundo, na Província do Brasil*. Lisboa: Officina de Ioam da Costa, 1672

Videl, Laurens. *Declaration des Abus, Ignorances et Seditions de Michel Nostradamus*. Avignon: Pierre Roux, 1558

Villas-Boas, Orlando e Cláudio. *Xingu: os índios, seus mitos*. São Paulo: Edibolso, 1975

Von Lichtenfels, Karl Leopold. *Lexikon der Überlebens*. Munique: Herbig, 2000

Walker, Daniel. *Sabedoria do Padre Cícero*. Juazeiro do Norte: Os Juazeiros, 2004

Xavier, Francisco Cândido. *Plantão de Respostas. Pinga-Fogo II*. Uberaba: 1994

www.ingramcontent.com/pod-product-compliance
Lightning Source LLC
Chambersburg PA
CBHW020508040426
42331CB00042BA/84